A EXPERIÊNCIA DA MESA

DEVI TITUS

A EXPERIÊNCIA DA MESA

O segredo para criar relacionamentos profundos

Traduzido por CECÍLIA ELLER

mundo**cristão**

Copyright © 2009 por Devi Titus
Publicado originalmente por HigherLife Development Services, Inc.,
Oviedo, Flórida, EUA.

Nova edição da obra *A experiência da mesa*, publicada pela Graça Editorial.

Os textos das referências bíblicas foram extraídos da *Nova Versão
Internacional* (NVI), da Biblica, Inc., salvo indicação específica. Eventuais
destaques nos textos bíblicos e nas citações em geral referem-se a grifos
da autora.

Dados Internacionais de Catalogação na Publicação (CIP)
(Câmara Brasileira do Livro, SP, Brasil)

Titus, Devi

A experiência da mesa: o segredo para criar relacionamentos profundos /
Devi Titus; traduzido por Cecília Eller. — São Paulo: Mundo Cristão, 2013.

Título original: The Table Experience.
ISBN 978-85-7325-909-4

1. Família — Vida religiosa 2. Comunicação na família — Aspectos
religiosos — Cristianismo I. Título

13-04106   CDD-248.4

Índice para catálogo sistemático:
1. Família : Vida cristã : Cristianismo   248.4
Categoria: Relacionamentos

Publicado no Brasil com todos os direitos reservados por:
Editora Mundo Cristão
Rua Antônio Carlos Tacconi, 69, São Paulo, SP, Brasil — CEP 04810-020
Telefone: (11) 2127-4147
www.mundocristao.com.br

1ª edição: agosto de 2013
1ª edição (nova capa): 2021
Impressão digital sob demanda

Dedicatória

A LARRY, MEU AMOR E AMIGO, minha inspiração espiritual e meu motivador pessoal. Você acredita que sou capaz de fazer qualquer coisa e me dá a oportunidade de tentar.

A nossos filhos, Trina Titus Lozano e o dr. Aaron P. Titus, bem como suas respectivas famílias. Seu exemplo e suas escolhas de vida me proporcionam grande recompensa. Obrigada por todos os pratos sujos que ajudaram a lavar quando convidávamos pessoas para nossa mesa. Vocês serviam nossos convidados com disposição e partilhavam afeto com os outros.

A minha mãe, uma mulher muito sábia, que continua a repartir sua sabedoria e seus princípios comigo. Mamãe e papai viviam o cristianismo prático de verdade, amando a Deus por meio do amor ao próximo.

A todas as pessoas que se assentaram à nossa mesa e sentiram prazer na experiência ao redor dela — compartilhando uma refeição, divertindo-se com algum jogo ou participando de conversas significativas. Que a vida de vocês continue a ser enriquecida ao desfrutarem a experiência da mesa com outras pessoas.

Mantenha a simplicidade.
Cultive a beleza.

Sumário

Agradecimentos

Gostaria de expressar minha profunda gratidão por quatro pessoas muito especiais, que desempenharam um papel vital neste projeto.

Larry Titus, meu marido, obrigada por acreditar em mim. As palavras não parecem fortes o bastante para expressar meu amor e apreço por seu incentivo e paciência às vésperas do prazo de entrega deste livro. Nossos álbuns de fotos estão cheios de retratos de nossa querida família ao redor da mesa. É por sua causa que sou capaz de escrever estes princípios. Muito obrigada por se assentar à cabeceira de nossa mesa.

Jennifer Stair, minha editora, obrigada por me refinar. Sua habilidade de comunicação é extraordinária, e eu amei trabalhar com você. Ouvir a voz de seus filhos pequenos ao fundo enquanto conversávamos ao telefone me lembrava que, além de cumprir tão bem sua tarefa de aperfeiçoar meu manuscrito, seu coração de mãe era capaz de compreender a mensagem deste livro.

Joy e Jennifer, minhas companheiras nesta missão, obrigada por me impulsionarem com sua generosidade. Seu apoio a este projeto jamais será esquecido. Sou profundamente agradecida. Por causa de vocês, multidões poderão experimentar relacionamentos mais profundos e significativos.

Prefácio

A EXPERIÊNCIA DA MESA É UM LIVRO muito especial para mim, e acredito que será para todas as mulheres que desejam viver uma vida plena. As lições, os conselhos e as dicas práticas vêm de alguém que aprecio muito e que fala com autoridade sobre o que significa ser uma mulher nos padrões bíblicos e que, ainda assim, é moderna e relevante para os dias de hoje. Seus relacionamentos são saudáveis, e ela se tornou um referencial para "orientar as mulheres mais jovens", como recomenda a Palavra em Tito 2.3-4.

Ainda me lembro do dia em que conheci Devi. Eu estava morando fora do Brasil por quase dois anos, realizando o sonho do mestrado do meu marido e de uma pausa nas atividades ministeriais que muitas vezes me impediam de estar mais perto dos meus filhos. Ali, em Dallas, pude me dedicar inteiramente ao meu primeiro ministério: minha família. Além do maravilhoso exemplo de minha mãe, Renata, acredito que nessa temporada distante Deus colocou Devi em meu caminho. Foi ali, em busca de aprender a ser uma esposa e mãe melhor, que ela se tornou um modelo para mim.

Em nossas conversas e simplesmente ao observá-la, pude aprender muito. Devi é uma mulher linda. "Quando eu crescer", quero ser igual a ela! Um dos presentes que dela recebi foi um exemplar deste livro. E foi por causa desta mensagem que decidi colocar uma mesa na cozinha para nos assentarmos todos juntos em família, para conversarmos mais, olhando nos olhos, vivendo a "experiência da mesa" como prioridade em nossa casa.

Espero que as mulheres do Brasil — solteiras, casadas, de todas as idades — aproveitem o tesouro contido nestas páginas. Com certeza essas preciosidades ajudarão todas nós a sermos as mulheres sábias que edificam o "lar", seja ele a família, a escola, os amigos, o local de trabalho. Experimente sentar-se à mesa, diante dos inimigos, com os amigos e com seu bem mais precioso: a família.

Junte-se a Devi, a mim e a milhares de mulheres ao redor do mundo que têm descoberto o segredo, bem dentro de nossa casa, do poder da experiência da mesa.

ANA PAULA VALADÃO BESSA

1

O que deixamos escapar?

Certo homem estava preparando um grande banquete e convidou muitas pessoas. Na hora de começar, enviou seu servo para dizer aos que haviam sido convidados: "Venham, pois tudo já está pronto".

LUCAS 14.16-17

NA PRIMAVERA DO ANO 2000, recebi o convite para ser a oradora principal num congresso para mulheres em Fresno, Califórnia. O público geral contou com mais de quatro mil mulheres que se reuniram para ter um momento de adoração, renovação e estudo da Bíblia.

Posso dizer, com toda honestidade, que esse congresso de mulheres foi um dos eventos mais incríveis de que já participei. Do início ao fim, o tempo que passamos juntas honrou a Deus. Os detalhes foram bem planejados; tudo, da inscrição à celebração de encerramento, fluiu tranquilamente. Durante os momentos de louvor, a presença do Senhor se evidenciava. As pessoas louvavam de coração e amavam umas às outras apaixonadamente. O evento fora coberto por orações e proporcionou uma experiência profunda e verdadeira.

Em geral, depois de participar de um evento como esse, cheio da presença de Deus, seja num culto, seja num congresso ou retiro, voltamos para casa animadas e plenas com a alegria do Senhor. No entanto, dessa vez foi diferente para mim. Por algum motivo, cheguei a minha casa me sentindo frustrada e vazia. O motivo não tinha nada a ver com o excelente congresso. Mas algo me consumia por dentro — uma sensação insistente de que algo estava errado.

O QUE NOS ESCAPA?

Um dia depois de voltar da Califórnia, peguei a Bíblia e fui para minha "cadeira *Yada*" — um lugar especial que separei em meu lar para me encontrar com o Senhor numa esfera íntima.[1] Meu coração estava pesaroso e sobrecarregado, e pedi a Deus que me ajudasse a entender por quê.

Pensei sobre aquilo que nós, oradores, temos a tendência de fazer em congressos cristãos. Ensinamos o que a Bíblia diz sobre obediência, perdão, problemas emocionais, questões familiares, compromisso pleno com Cristo e assim por diante. Buscamos a direção de Deus e escolhemos quais desses assuntos serão atrativos e úteis para determinado público.

Ao longo dos anos, porém, comecei a sentir que, de algum modo, não abordamos a questão mais fundamental. Os participantes apreciam o louvor sincero e o ensino sólido sobre a Bíblia, mas depois retornam para casa, onde encontram uma família magoada e dividida. Por algum motivo, as mensagens bíblicas que ouviam nos congressos e até mesmo nas igrejas não estavam fazendo uma diferença duradoura em sua vida e em seus relacionamentos familiares.

Alguns meses antes, meu esposo Larry e eu havíamos ouvido George Barna, um dos mais notáveis estatísticos sobre a fé e cultura cristã do mundo, apresentar dados reveladores sobre as famílias norte-americanas que vão à igreja. A pesquisa de Barna mostrou que o índice de divórcios entre as famílias que frequentam a igreja passara a ser *mais alto* que os de famílias que não têm esse hábito.[2]

Essa estatística falou profundamente ao meu coração. Na época, Larry e eu já tínhamos dedicado mais de trinta anos ao ministério pastoral. Fizemos muitos sacrifícios em nome da igreja, do evangelho e do reino de Deus. Portanto, quando ouvi que o casamento dos membros de igreja tinha maior probabilidade de terminar em divórcio, pensei: "O que Larry e eu passamos os últimos trinta anos de nossa vida fazendo?". Sentia minha alma afundar. "Se o índice de divórcio é mais alto entre quem vai à igreja, por que incentivar as pessoas a participar dos cultos?".

Perguntei ao Senhor: "O que aconteceu durante os trinta anos em que Larry e eu trabalhamos no ministério? Algo está terrivelmente errado nas famílias nos Estados Unidos e, em vez de melhorar, as coisas só pioram. Temos megaigrejas lotadas com dezenas de milhares de pessoas todos os domingos. Mesmo assim, as famílias se tornam cada vez mais fragmentadas e os casamentos, mais propensos a terminar, a despeito do *maior número* de membros nas igrejas! O que está acontecendo, Senhor? Há algo que estamos deixando escapar! Mas o quê?".

> "O que está acontecendo, Senhor? Há algo que estamos deixando escapar! Mas o quê?"

UMA PEQUENA PLACA

Não pude deixar de pensar no paralelo entre a desintegração da família norte-americana e a desintegração do ônibus espacial Columbia. Volte comigo a 1º de fevereiro de 2003.

A missão STS-107 do Columbia, o ônibus espacial da NASA, começou sua reentrada na atmosfera após uma operação de sucesso. De repente, os sensores de calor externos da espaçonave tiveram um pico de temperatura. A comunicação com o controle de solo ficou confusa e prejudicada pela estática.

— Controle da missão, controle da missão, aqui é o ônibus espacial Columbia. Favor verificar os sensores de calor exter...

A transmissão foi subitamente interrompida.

— Columbia, controle da missão falando. Favor repetir. Perdemos a transmissão. Favor repetir. Câmbio.

Sem resposta.

— Columbia STS-107, controle da missão falando. Está na escuta? Câmbio.

Nada de resposta, porque, naquele momento, a missão STS-107 se desintegrava na atmosfera terrestre. Todos os sete astronautas a bordo perderam a vida.

A nação ficou chocada e todo programa espacial tripulado foi interrompido de imediato. Uma equipe com os melhores investigadores começou a reunir evidências, na tentativa de descobrir o que havia causado a tragédia tão repentina e imprevista. Sinto que, de igual modo, a situação da família norte-americana é uma tragédia repentina e imprevista.

Nos primeiros dias de apuração do acidente, um investigador solitário fez o que parecia ser uma pergunta absurda, como uma voz suave e tranquila clamando em meio a um deserto de múltiplas teorias: "Será possível que uma minúscula parte do escudo de proteção de calor tenha causado a destruição do ônibus espacial inteiro?".

"Impossível!" foi a conclusão em alto e bom som das mentes científicas mais aguçadas do planeta. Eles raciocinaram que se o ônibus viajara por mais de dezessete anos sem nenhum incidente, a falha de *uma partícula* não seria capaz de destruir a espaçonave inteira.

Era assim que eu me sentia — como uma voz frágil na cadeira, sozinha em minha busca. "O que está levando à ruína da família e causando sua desintegração?"

No entanto, somente por causa da voz insistente daquele investigador solitário é que a real causa foi exposta. Talvez eu também fosse assim. Pensei: "Quem sabe se eu procurar uma resposta para a pergunta 'O que deixamos escapar?' eu possa dar alguma contribuição para o fortalecimento de nossas famílias".

Finalmente, a equipe de investigação fez o anúncio: "A tragédia da destruição do ônibus espacial Columbia da NASA, missão STS-107, ocorreu por causa de uma pequena fissura num escudo protetor de calor, permitindo que a rachadura minúscula crescesse. Isso causou o aumento de pressão e calor, que levou à quebra de várias placas protetoras. Durante a reentrada, as placas atingiram a extremidade principal da asa, fazendo a espaçonave se desintegrar na atmosfera terrestre".

Uma falha estrutural com poucos centímetros de largura causou uma catástrofe e interrompeu o programa espacial multibilionário da nação, coordenado pelas mentes mais brilhantes do mundo. Uma rachadura minúscula negligenciada que se expandiu e destruiu vidas. Um pequeno pedaço de cerâmica, projetado para ser um aliado-chave do ônibus espacial e de seus tripulantes, cujo único propósito era proteger do calor destrutivo da atmosfera. Assim que a peça saiu do lugar, o caos se instalou. A rachadura mínima em um azulejo derrubou a espaçonave e decretou o fim do programa inteiro. Uma pequena placa.

Pensei: "Será possível que uma pequena função do lar, quando negligenciada, acabe causando a destruição de toda a instituição da família? Se for o caso, que função é essa?".

UMA PALAVRINHA QUE DEU OUTRO FOCO À MINHA VIDA

Deus não me respondeu naquele dia. Na verdade, não foi no outro dia, nem na semana seguinte. Vários meses se passaram e eu continuava buscando nas Escrituras e perguntando ao Senhor: "O que deixamos escapar?".

Até que, certo dia, enquanto fazia o serviço doméstico, uma palavrinha surgiu de repente em minha cabeça: *mesa*.

Não pensei muito sobre o assunto no momento; afinal, a palavra *mesa* não me parecia nada espiritual. Não senti um frio na barriga, arrepios, nem imaginei que era o Espírito Santo falando comigo. Foi apenas um pensamento.

Alguns dias depois, a palavra saltou mais uma vez em minha mente.

Mesa.

Mesa? "Hum... Mesa. Tudo bem, legal".

De manhã, a palavra voltou a meu pensamento.

Mesa.

Isso prosseguiu ao longo de alguns dias. Por fim, curiosa a respeito da palavra e do motivo para ela não sair de minha cabeça, liguei para uma amiga que tinha um programa de computador sobre a Bíblia. "Você pode pesquisar a palavra *mesa* na Bíblia para mim e ver o que aparece?", pedi.

No dia seguinte, ela imprimiu e me levou várias páginas com textos bíblicos do Gênesis ao Apocalipse que incluíam a palavra *mesa*. Fiquei surpresa com o número de versículos! E a lista não incluía expressões relacionadas, como *comer com*, *jantar com*, *banquete* e assim por diante. Ela só havia pesquisado a palavra *mesa*.

Não conseguia acreditar que algo citado tantas vezes nas Escrituras fosse tão negligenciado. Em 35 anos de pregação, meu marido e eu nunca havíamos feito uma pregação sobre a mesa. Eu nunca tinha ouvido um sermão no rádio ou na televisão a respeito da mesa, nem nunca havia lido um livro que explicasse o princípio divino da mesa. Como deixamos escapar a importância de algo que Deus mencionou com tanta frequência em sua Palavra? Seria esta a mensagem que o Senhor queria que eu partilhasse com seu povo?

Comecei a cavar fundo na Bíblia, procurando respostas com avidez, e fiquei surpresa com o que descobri a respeito do princípio divino da mesa. Estes são alguns textos bíblicos que descobri:

- "Faça uma *mesa*" (Êx 25.23).
- "Coloque sobre a *mesa* os pães da Presença, para que estejam sempre diante de mim" (Êx 25.30).
- "E de ouro puro fez os utensílios para a *mesa*: seus pratos e recipientes para incenso, as tigelas e as bacias" (Êx 37.16).
- "Você comerá sempre à minha *mesa*" (2Sm 9.7).
- "Pelo resto de sua vida comeu à *mesa* do rei" (2Rs 25.29).
- "Preparas-me uma *mesa* na presença dos meus adversários" (Sl 23.5, RA).
- "Sua mulher será como videira frutífera em sua casa; seus filhos serão como brotos de oliveira ao redor da sua *mesa*" (Sl 128.3).
- "Matou animais para a refeição, preparou seu vinho e arrumou sua *mesa*" (Pv 9.2).
- "Ao anoitecer, Jesus estava reclinado à *mesa* com os Doze" (Mt 26.20).
- "Finalmente, apareceu Jesus aos onze, quando estavam à *mesa*" (Mc 16.14, RA).

- "E eu lhes designo um Reino, assim como meu Pai o designou a mim, para que vocês possam comer e beber à minha *mesa* no meu Reino" (Lc 22.29-30).

Quando comecei a desvendar a importância da mesa nas Escrituras, desde o tabernáculo nos tempos antigos até o reino de Deus após o fim deste mundo, fiquei surpresa ao descobrir quantos acontecimentos, ensinos e milagres significativos ocorreram enquanto as pessoas comiam juntas. Essa experiência da mesa talvez fosse a revelação da Palavra de Deus que deixamos escapar!

Tenho a convicção de que Deus nos deixou toda a verdade que precisamos saber para a vida na Bíblia Sagrada. Na verdade, sempre que a mídia declara orgulhosa que pesquisas contemporâneas "descobriram" uma nova verdade, encontramos o princípio já estabelecido para nós nas páginas das Escrituras. Por isso, quando comecei a perceber que a Bíblia fala com frequência sobre a importância da mesa, decidi ampliar minha busca para saber se estudos históricos e científicos confirmavam o que eu estava descobrindo acerca do que gera relacionamentos mais profundos e significativos.

> Quando comecei a desvendar a importância da mesa nas Escrituras, [...] fiquei surpresa ao descobrir quantos eventos, ensinos e milagres significativos ocorreram enquanto as pessoas comiam juntas.

Tudo começa em casa

Em *Declínio e queda do império romano*, comentário completo em seis volumes escrito em 1788, o historiador inglês Edward Gibbon destacou cinco causas principais que contribuíram para a ruína de um dos maiores impérios do mundo. Os historiadores reconhecem, de modo geral, que os princípios de Gibbon se aplicam a todas as grandes civilizações. O interessante é que a causa mais significativa da queda de uma civilização não é a perda de força militar ou de astúcia política. O golpe mais esmagador a um império não vem de poderes externos que tentam conquistá-lo e dominá-lo. Não, segundo Gibbon, as bases de uma grande civilização sucumbem quando o enfraquecimento começa de dentro. E o que vem primeiro na lista de fatores que contribuem para a queda de um império? "A corrosão da dignidade e da santidade do lar, a base para a sociedade humana".[3]

Os maiores impérios do mundo não foram derrotados por causa da força política ou militar de outro povo, mas, sim, por se tornarem vulneráveis ao deixarem de prestar atenção ao que acontecia dentro de casa. O lar não é uma mera estrutura física onde vive uma família. Não é apenas seu endereço postal ou o lugar onde seu carro fica estacionado à noite. Deus planejou o lar para ser parte central de nossa vida. Ele deve ser um lugar acolhedor, onde os membros da família constroem relacionamentos saudáveis uns com os outros, aprendem, riem e crescem juntos, desenvolvendo um senso de identidade e comunidade que forma a sociedade.

Seja numa cabana ou mansão, uma morada de qualquer tipo se transforma em lar quando as pessoas passam tempo juntas ali. Todos conhecemos o clichê: "Lar é onde o coração está". Gosto de usar uma variação dessa frase que uma amiga me ensinou: "Lar é onde o coração *se forma*". Há algo de muito dinâmico nessa ligação entre o lar e o coração humano. Dentro do lar, nosso coração pode ser magoado ou endurecido por aquilo que vivenciamos, ou ficar fortalecido, seguro e sensível pelo que acontece ali.

Gibbon observa que, quando as famílias deixam de passar tempo no lar, a base da sociedade começa a sucumbir. Com grande frequência, no mundo ocidental moderno, os lares deixaram de ser o centro das atividades da família. Entre o trabalho, a escola, as aulas de esportes e de música, o serviço comunitário e mesmo as atividades da igreja, muitas famílias não ficam mais em casa! Corremos para sair de casa bem cedo e voltamos tarde da noite, exaustos e prontos para cair na cama. Em muitas famílias, passar pelo *drive-through* de redes de *fast-food* e pegar comida substituiu o tempo na companhia uns dos outros a cada noite, reunidos face a face ao redor da mesa, comendo e conversando juntos.

> Seria a experiência da mesa — o simples ato de partilhar refeições regulares em família — algo absolutamente vital para a saúde e a estabilidade da família e da sociedade no longo prazo?

Ao refletir sobre a importância do lar, pensei: "Se o lar é a base da sociedade humana, será então possível que a mesa constitua a base da estabilidade humana?". Seria a experiência da mesa — o simples ato de partilhar refeições regulares em família — algo absolutamente vital para a saúde e a estabilidade da família e da sociedade no longo prazo?

Uma empolgação crescente aguçou minha curiosidade. Quanto mais eu pesquisava, mais confirmações descobria.

MAIS FORTES, INTELIGENTES, SAUDÁVEIS E FELIZES

A premiada produtora de documentários e jornalista Miriam Weinstein passou vários anos aprimorando sua habilidade de pesquisar uma série de assuntos. No livro *The Surprising Power of Family Meals* [O surpreendente poder da refeição em família], ela se baseia em estudos das áreas da psicologia, educação, nutrição e sociologia para abordar o fenômeno cultural das refeições familiares. A pesquisa completa sobre o assunto levou Weinstein à ousada e surpreendente conclusão de que fazer refeições em família é uma "bala mágica" que melhora drasticamente "a qualidade da vida cotidiana, as chances de sucesso de seus filhos no mundo, a saúde de sua família, [e] os valores da sociedade".[4] No subtítulo do livro e em seu *website*, Weinstein conclui que fazer refeições em família nos torna "mais fortes, inteligentes, saudáveis e felizes".[5]

Ao ponderar nessas palavras, percebi que elas descrevem com perfeição todo o ser: mente, espírito, corpo e alma. Ficamos *mais inteligentes* (na mente), *mais fortes* (no espírito), *mais saudáveis* (no corpo) e *mais felizes* (na alma) quando fazemos refeições juntos à mesa de jantar com nossos familiares e queridos. Não

> Fazer refeições à mesa com a família parece ter uma significância espiritual única.

faz sentido que Deus, aquele que nos criou como seres de mente, espírito, corpo e alma, também providencie uma oportunidade para alimentarmos todas as quatro dimensões diariamente? Se assim for, será possível que o próprio Deus se faça presente conosco de maneira especial, ao reunirmos a família em volta da mesa para nutrir o corpo, a mente, a alma e o espírito?

Weinstein acredita que sim. Embora o livro se concentre nos benefícios físicos e emocionais das refeições em família, ela diz que, enquanto observava e participava de jantares em diversos lares, fez uma descoberta interessante: fazer refeições à mesa com a família também parece ter uma significância espiritual única. A autora afirma: "Cada vez que damos graças pelo alimento, incluímos outra presença à mesa: Deus chega para jantar".[6]

Por anos, tenho ensinado e demonstrado às jovens a importância de arrumar a mesa em seu lar, mesmo quando são solteiras. Na época, eu não compreendia por completo o princípio bíblico que hoje descobri; eu só sabia que colocar a mesa era importante. Quando eu era uma jovem esposa de pastor, as adolescentes e universitárias de nossa igreja gostavam muito de passar tempo em minha casa. Sempre que elas chegavam, eu oferecia algo para comer, como um lanche de pasta de amendoim e maçãs, sopa, biscoitos — qualquer coisa que estivesse à mão. Às vezes, era algo tão simples quanto torradas com geleia.

As meninas amavam se assentar ao redor de minha mesa. Na época, Larry e eu não possuíamos muita coisa, então usávamos o que tínhamos. Nossas cadeiras não combinavam com a cor da decoração e minha pequena mesa de plástico sempre estava coberta por uma toalha — não por uma tentativa de parecer sofisticada, mas porque a mesa era feia! Eu colocava um prato e um guardanapo em cada lugar, embora ficássemos apertadas. Os guardanapos eram feitos de pano porque, em meu orçamento semanal, não havia dinheiro para guardanapos de papel. (Eu raciocinava que os guardanapos de tecido podiam ser lavados e reutilizados).

As meninas amavam os guardanapos de pano. Às vezes, eu fazia dobraduras sofisticadas com eles e, em outras, só amarrava com um nó simples. Elas ficavam fascinadas! Com frequência, terminávamos nosso tempo à mesa tentando recriar a dobradura que havíamos desfeito ao comer. Elas ficavam por um bom tempo depois de fazermos nosso lanche simples; muitas vezes, pareciam ter medo de ir embora. Aquelas jovens *hippies* dos anos 1970 não eram da minha família, mas amavam ir a minha casa porque se sentiam bem-vindas e valorizadas enquanto estavam ao redor da mesa.

UMA PRESENÇA SOBRENATURAL À MESA

Descobertas psicológicas e sociológicas modernas têm esclarecido as mesmas coisas que eu venho praticando por anos dentro de meu lar, muito embora Deus só tenha me revelado o princípio da mesa na Bíblia há pouco tempo. Os resultados de diversos estudos começam a confirmar que as famílias que dedicam tempo para comer juntas à mesa de jantar se saem melhor em todas as áreas: corpo, mente, alma e espírito. Isso só serve para demonstrar que a Palavra de Deus é verdadeira e que as pesquisas modernas tão somente confirmam verdades que o Senhor já nos revelou em suas Escrituras.

Além de sermos encorajados, aperfeiçoados e enriquecidos pela presença de nossos amados durante a experiência do jantar, tenho a firme convicção de que existe outra presença — uma presença sobrenatural — junto à mesa, quer a convidemos, quer não.

> A presença sobrenatural de Deus revela o potencial secreto de cada pessoa sentada à mesa.

Quando separamos tempo para reunir a família em volta da mesa, a presença de Deus nos encontra ali, e ele é capaz de operar dentro do coração humano aquilo que não somos capazes.

Não faz diferença se sua mesa de jantar é arrumada para dois ou para doze. A presença divina à mesa não depende do número de pessoas, da qualidade da comida, da apresentação dos pratos ou da arrumação da mesa. Conforme abordaremos com mais detalhes nos próximos capítulos, Deus promete que, se prepararmos a mesa, ele se encontrará e comerá conosco e desfrutaremos ali comunhão íntima com o Senhor. A presença sobrenatural de Deus revela o potencial secreto de cada pessoa sentada à mesa.

FOGOS DE ARTIFÍCIO DA VERDADE

Ao continuar o estudo sobre a experiência da mesa, conforme apresentado nas Escrituras e confirmado por pesquisas científicas, o potencial oculto de fazer refeições em família começou a emergir em explosões fantásticas de *insights*, como fogos de artifício da verdade iluminando a escuridão.

Fiz as seguintes perguntas:

- Como a refeição conjunta pode ajudar uma família a evitar as estatísticas desanimadoras do divórcio?
- De que maneiras as famílias estão comprometendo o plano de Deus para a experiência da mesa nos lares, sem nem sequer se darem conta disso?
- Há algo de errado em comer em movimento ou em comer em qualquer lugar da casa, ou o plano de Deus demonstra um tipo de abordagem específico para as refeições familiares?
- Deus poderia ter criado nosso corpo sem precisarmos nos alimentar ou, talvez, com necessidade de comer apenas uma vez por mês ou por ano. Por que então ele criou o corpo humano com a necessidade de comer todos os dias — e até mesmo três vezes por dia?
- Por que Jesus nos convida a cear com ele em Apocalipse 3.20? O que faz da experiência da refeição um encontro tão significativo?

- A experiência de "união" com Jesus numa refeição tem a intenção de ser uma atividade única ou ele planeja comer conosco regularmente?

- É possível que a experiência da refeição — o simples ato de comermos juntos com regularidade ao redor da mesa — tenha potencial para liberar uma obra sobrenatural em nossa família, que forma o caráter duradouro, a estabilidade e a transformação de vida que nos tem faltado?

Minha pesquisa levou a respostas surpreendentes para essas perguntas. Descobri por que a experiência da mesa é completamente transformadora. Aprendi uma verdade que transcende culturas e a história: desde os tempos antigos, a mesa é parte central da vida e foi designada pelo próprio Deus para um propósito específico e contínuo. O que aprendi em meu estudo sobre a mesa mudou todo o foco de minha vida.

> É possível que a experiência da refeição — o simples ato de comermos juntos com regularidade ao redor da mesa — tenha potencial para liberar uma obra sobrenatural em nossa família?

Nestas páginas, tenho a esperança de despertar sua compreensão para que você também possa crescer em seu próprio estudo daquilo que gosto de chamar de "princípio da mesa".

Se queremos preservar e proteger nosso lar, nosso casamento e nossa família, se desejamos desfrutar o potencial oculto que nos tem escapado e se queremos restaurar um princípio básico estabelecido por Deus há milhares de anos, é hora de prepararmos a mesa!

Conforme mostrarei a você neste livro, tenho a convicção de que Deus nos revela o potencial secreto de fazer refeições juntos. Quando aprendemos este princípio e o colocarmos em prática, a presença sobrenatural de Deus nos encontra à mesa e a experiência ao redor dela nutre e cura o coração, aprofunda relacionamentos, fortalece lares, igrejas, comunidades e até mesmo nossa nação e o mundo inteiro!

Reflexões à mesa

1. Qual é o princípio da eventual queda de um grande império, segundo Edward Gibbon?
2. O que o lar deve ser em relação à sociedade?
3. Quais versículos da Bíblia sobre a mesa mais lhe tocaram?
4. Quais são os quatro resultados esperados do ato de comer juntos, conforme descobriram pesquisas acadêmicas, de acordo com Miriam Weinstein?
5. Complete esta frase: Lar é onde o coração _____ _____.

PARTE 1

A mesa é um lugar de propósito

2

Um lugar à mesa de Deus

Coloque sobre a mesa os pães da Presença,
para que estejam sempre diante de mim.
Êxodo 25.30

Há muitos anos, meu marido e eu compramos, junto com um investidor, uma casa histórica com mais de setecentos metros quadrados para ser a sede de um ministério chamado Mentoring Mansion [Mansão de mentoria]. Essa construção grandiosa serviria como minha casa de hóspedes onde, duas vezes por mês, um grupo de oito mulheres se inscreveria para passar quatro dias comigo aprendendo como transformar o lar num centro de amor e paz. Meu objetivo durante esses cursos intensivos de mentoria doméstica era capacitar essas mulheres a restaurar a dignidade e a santidade do lar.[1]

Larry havia se aposentado pouco tempo antes da função de pastor titular de uma igreja local e, depois de mais de trinta anos no pastorado, tinha tomado a decisão de buscar um ministério independente. Foi muito difícil para mim aceitar essa transição. Não conseguia imaginar a vida sem meu esposo pastoreando uma igreja local. Ministrar ao lado dele era uma plataforma para realizar minha paixão: ensinar e capacitar mulheres a alcançar seu potencial pleno.

No papel de esposa do pastor titular, eu sentia muito prazer em ministrar às mulheres de nossas congregações, ajudando-as a serem frutíferas e realizadas em todos os aspectos da vida. Inventei maneiras criativas e não religiosas de fazer isso. Era raro atuar em ambientes tradicionais do ministério como um estudo bíblico numa classe da igreja. Quando eu dava estudos bíblicos, costumava organizar encontros numa sala ou clube, a fim de alcançar o máximo possível de mulheres com a verdade transformadora da Palavra de Deus. A Mansão de mentoria seria minha nova abordagem para capacitar multidões de mulheres a serem confiantes e espirituais no lar e na profissão, usando o currículo que desenvolvi: *A experiência do lar: transforme sua casa num santuário de amor e num refúgio de paz.*[2]

A casa histórica que compramos, construída em 1915, era uma estrutura maravilhosa. No entanto, a manutenção não estava em dia, de modo que a decoração ultrapassada obscurecia sua beleza. À medida que amigos e familiares entenderam a proposta para a Mansão de mentoria, unimos forças para transformar o imóvel num dos destaques do bairro. O time de futebol americano da escola de ensino médio da região cuidou da jardinagem, um vizinho instalou iluminação do lado de fora e homens, mulheres e crianças que apoiam nosso ministério se mobilizaram como formiguinhas decididas a construir uma colônia. Trabalhando juntos, rastelamos, capinamos, limpamos e transpiramos. A transformação foi profunda, como se o relógio houvesse voltado para o início do século 20, quando a estrutura fantástica fora construída.

Com os móveis no lugar, os quartos preparados e as áreas sociais com limpeza impecável, chegaram minhas primeiras hóspedes. Eu estava muito empolgada por finalmente iniciar um sonho de vinte anos: levar mulheres para uma casa a fim de aprender sobre o lar. Durante quatro dias eu seria como uma mãe substituta para aquelas mulheres preciosas, ensinando-lhes habilidades importantes no cuidado com a casa e na honra a Deus por meio do lar. Que privilégio! Talvez, quem sabe, eu poderia ser uma ferramenta para iniciar um movimento em nossa nação visando fortalecer famílias e desenvolver mecanismos para garantir casamentos duradouros.

No processo de preparação da Mansão de mentoria para as primeiras hóspedes, notei um vazamento periódico vindo do chuveiro do banheiro no andar de cima. Como as convidadas só usariam aquele chuveiro oito dias por mês, decidi que poderia viver com aquilo. Assim que elas partiam, eu desligava o registro que levava à banheira do andar de cima e, por vários meses, este pequeno esforço foi suficiente para prolongar a necessidade de realizar o conserto.

Nosso orçamento para a mansão era limitado, por isso escolhi fazer outras coisas com o dinheiro. Comprei jogos americanos e pratos coloridos — coisas muito mais bonitas do que canos — para dar vida à aparência da casa. No entanto, o vazamento persistente continuava no banheiro de cima e logo não era mais possível tolerá-lo. Substituímos o bocal do chuveiro, mas isso não conteve o vazamento. Então trocamos as anilhas das torneiras. Mais uma vez, sem sucesso.

Por fim, chamei um encanador. Ele abriu o painel de acesso que ficava no armário do cômodo ao lado e examinou com cuidado o encanamento que levava à banheira e ao chuveiro. Depois de avaliar a situação, disse:

— Senhora, seu problema é muito maior que um pequeno vazamento no chuveiro. Se quiser evitar um desastre maior no futuro, precisará substituir tudo: a banheira, o ralo, as torneiras e o chuveiro.

Eu pensei: "Ah, é só um vazamento pequeno. Aposto que ele está falando isso só para ganhar mais dinheiro". E não segui o conselho. Achei que aquele vazamento não era grande coisa, que poderíamos viver com aquilo.

E vivemos assim por vários meses, até que um dia eu percebi um pequeno círculo marrom no teto da cozinha, pintado recentemente. Era como se alguém tivesse jogado um balão de água no teto bem ao lado da mesa da cozinha. Não conseguia imaginar como é que o teto havia se molhado. Estava tentando resolver o problema olhando a superfície. Mas ele não estava ali, era algo muito mais profundo — que vinha de cima.

Eu ignorei o especialista. Racionalizei que o problema se limitava ao pequeno vazamento na banheira. E estava errada.

O círculo escuro no teto cresceu. O gesso deu bolhas, rachou e o mofo começou a se afastar do canto do teto. Depois de várias semanas (eu demoro a aprender), pensei: "Esta água deve estar vindo de algum lugar". Chamei um profissional para consertar o teto da cozinha, porque a mancha estava ficando feia. Ele inspecionou a situação e concluiu:

— Só posso consertar o teto depois que a senhora resolver a questão do encanamento.

Respondi:

— Não temos um problema de encanamento. Não é nada demais, só um pequeno vazamento no banheiro de cima. Venha aqui, vou lhe mostrar.

Com toda educação, ele me disse:

— A senhora não precisa me mostrar. Lamento dizer que seu pequeno vazamento se transformou em algo muito maior.

Por haver ignorado o conselho de um especialista e não ter me disposto a pagar o preço para consertar o pequeno vazamento da forma correta, agora eu precisaria substituir toda a banheira de hidromassagem, o chuveiro, os azulejos e o *box*, fora o teto da cozinha.

O mesmo pode acontecer em nossa vida. Com frequência, ignoramos as pequenas coisas, mesmo quando pessoas mais entendidas apontam para os sinais de alerta. Então, quando já é tarde demais, descobrimos que as "pequenas coisas" que foram ignoradas causaram dano significativo. Por não nos darmos conta do impacto de nossas decisões no longo prazo, adiamos algo importante por conveniência ou interesse próprio.

Será que algo tão simples quanto negligenciar as refeições familiares à mesa pode nos trazer arrependimento e decepção na vida? Se esta necessidade fundamental em nosso lar for deixada de lado, haverá um conserto maior com o qual precisaremos lidar mais tarde — um conserto que não precisaria ser feito a princípio? Esta é a pergunta que investigaremos ao buscar na Palavra do Senhor a verdade divina sobre a importância da mesa.

> Será que algo tão simples quanto negligenciar as refeições familiares à mesa pode nos trazer arrependimento e decepção na vida?

Neste capítulo, conduzirei você por uma jornada simples ao longo da Bíblia, destacando algumas passagens que revelam o potencial secreto da refeição conjunta. Minha oração é que, durante a leitura, o Espírito Santo coloque outras passagens em sua mente e você comece a enxergar as várias facetas desta verdade explodirem como fogos de artifício, assim como me aconteceu ao estudar sobre o assunto.

Quando você começa a compreender esta revelação, ela se transforma numa convicção. A verdade que Deus revela entra em seu coração e, no momento em que você se convence, ela passa a ser sua. À medida que você se apropria da verdade do princípio da mesa, peço ao Senhor que a experiência ao redor dela — este ato aparentemente insignificante de se unir para compartilhar uma refeição à mesa — transforme sua vida e a vida de sua família para sempre.

A MESA QUE DEUS PLANEJOU

A primeira vez que a palavra *mesa* aparece na Bíblia é em Êxodo 25.[3] Nesse capítulo, Deus dá a Moisés instruções bem detalhadas sobre os móveis que deveriam ser colocados no tabernáculo, o primeiro lugar oficial de congregação do povo. Naquele momento da história do Antigo Testamento, o relacionamento de Deus com seu povo passava por um processo de transição. A partir dali, ele se relacionaria de modo diferente do que fizera ao longo do livro de Gênesis. Do jardim do Éden até o monte Sinai, Deus aparecia quando lhe convinha para conversar com determinadas pessoas em momentos específicos escolhidos por ele. Depois do êxodo, porém, Deus revelou a Moisés que mudaria sua forma de se relacionar com a humanidade: ele queria que os seres humanos lhe fizessem uma morada, onde sua presença permaneceria a todo tempo em meio ao povo. Deus instruiu Moisés: "E farão um santuário para mim, e eu habitarei no meio deles" (Êx 25.8).

Pense em Deus como o arquiteto e em Moisés como o mestre de obras. O arquiteto tem a visão, cria o conceito e a estética da construção. Decide como será a aparência e que materiais serão usados. Então, depois que o edifício foi projetado, o mestre de obras contrata profissionais capazes e constrói a estrutura seguindo as plantas do arquiteto. Em Êxodo 25, Deus dá a Moisés a planta do tabernáculo, algo que nunca existira antes.

Por isso, ele o descreve com detalhes elaborados, mencionando o material, o tamanho e o desenho de cada item.

O primeiro móvel que Deus instruiu Moisés a construir para o tabernáculo foi a arca da aliança (Êx 25.10-22). A arca era, em termos bem simples, um recipiente ornamentado que continha a presença de Deus. Essa caixa retangular era revestida de ouro e possuía querubins entalhados dos dois lados. Embora o desenho da arca fosse complexo e muito significativo, a estrutura em si não era vista pelo povo, a não ser quando transportada com todo cuidado por um grupo seleto de sacerdotes até o próximo destino da jornada de Israel pelo deserto. Contudo, quando estava em seu local apropriado no tabernáculo, a arca da aliança ficava escondida por trás de um grosso véu num local do santuário chamado de Lugar Santíssimo, onde a presença de Deus habitava. O véu separava o povo da presença de Deus; somente o sumo sacerdote podia ir atrás do véu interceder pelo povo, uma vez por ano, e depois de oferecer um sacrifício aceitável.

O móvel seguinte que Moisés recebeu a ordem divina de construir para o tabernáculo foi a mesa dos pães da Presença. Lembre-se, Deus estava dando a Moisés apenas o projeto; a mesa ainda não existia. Na verdade, pelo que sei, nenhum dos objetos do tabernáculo havia existido nessas dimensões, e é por isso que Deus fez descrições tão detalhadas.

Os egípcios foram um dos primeiros a construir e usar mesas, mas elas eram pouco mais que plataformas de metal ou de pedra com a função de não deixar os objetos no chão. Não serviam para as pessoas se sentarem ao seu redor. Portanto, imagino que, quando Deus deu estas descrições detalhadas tão importantes sobre a mesa que ele queria no tabernáculo, Moisés seria capaz de imaginar um móvel ornamentado dessa natureza, uma vez que ele fora criado em meio à opulência real egípcia. Entretanto, a mesa do tabernáculo era diferente. Era mais alta e feita de materiais únicos, distinta das mesas egípcias. Deus estava planejando algo único e novo. A mesa que Moisés construiu para o tabernáculo tinha altura para servir alimentos ou para colocar cadeiras embaixo, bem semelhante às mesas que usamos hoje.

Faça uma mesa de madeira de acácia com noventa centímetros de comprimento, quarenta e cinco centímetros de largura e setenta centímetros de altura.

Êxodo 25.23

Cresci indo à igreja e, ao longo dos anos, ouvi várias pessoas ensinarem sobre o tabernáculo. Lembro-me de ver desenhos e gráficos da aparência dos objetos do tabernáculo e como eles simbolizavam diversos aspectos de nosso relacionamento com Deus. Para ser honesta, porém, sempre deixei essas coisas meio de lado. Eu pensava: "Vamos lá, fale de algo significativo para minha vida". Gráficos e tabelas me entediam, ainda mais se não consigo associar uma relevância atual a uma retórica teológica aparentemente profunda. Nunca havia estudado o tabernáculo, embora já tivesse ouvido o assunto ser ensinado tantas vezes e lido a passagem todas as vezes que fiz a leitura completa da Bíblia.

Contudo, quando comecei a estudar o texto como parte de minha pesquisa sobre o princípio da mesa, notei algo interessante sobre o formato do móvel. Tenho experiência em *design* de interiores; na verdade, tive um negócio nessa área por cerca de dez anos. Nós, *designers*, memorizamos algumas medidas e uma delas é a altura média de uma mesa de jantar. Muitas vezes, precisamos comprar tecido para fazer saias, toalhas e passadeiras, portanto é útil conhecer esse detalhe. Ao ler a passagem em Êxodo 25, algo me chamou a atenção: a altura da mesa no tabernáculo era mais ou menos a mesma das mesas de jantar dos dias de hoje!

Interessada e curiosa, continuei a leitura:

> Revista-a de ouro puro e faça uma moldura de ouro ao seu redor. Faça também ao seu redor uma borda com a largura de quatro dedos e uma moldura de ouro para essa borda.
>
> Êxodo 25.24-25

Deus instruiu Moisés a criar uma borda ao redor da mesa planejada para o tabernáculo. Curiosa, dei uma olhada em nossa mesa de jantar e percebi que ela tem uma borda a sua volta. Então olhei para a mesa de centro da sala e percebi que ela também tem uma borda. Na verdade, quase todas as mesas de minha casa — e suspeito que da sua também — têm algum tipo de extremidade ou borda. A maioria dos artesãos acha atraente e importante terminar o tampo de uma mesa com uma borda decorativa.

"A mesa que Deus projetou para o tabernáculo está começando a se parecer demais com uma mesa de jantar", pensei. Minha empolgação crescia enquanto continuava a leitura:

> Faça quatro argolas de ouro para a mesa e prenda-as nos quatro cantos dela, onde estão os seus quatro pés.
>
> Êxodo 25.26

Se você pedir a um grupo de crianças da pré-escola para desenhar uma mesa, como elas farão? Com quatro cantos e quatro pés. Esse é o *design* original de uma mesa, a forma que a maioria de nós imagina uma mesa. Desde a época do tabernáculo, modificamos o *design* das mesas e passamos a incluir mesas redondas, ovais e com um só pé no centro. Mas o formato que Deus ordenou para o tabernáculo é o tipo de mesa que primeiro nos vem à mente: com quatro cantos e quatro pés.

Lembre-se de que isso aconteceu mais de mil anos antes de Cristo. Até onde pesquisei, não soube de nenhum documento nos registros históricos de uma mesa desse tamanho construída antes de Deus dar essa descrição exata a Moisés. E hoje a mesa é parte central da maioria das culturas.

Então prossigo a leitura:

> Faça de ouro puro os seus pratos e o recipiente para incenso, as suas tigelas e as bacias nas quais se derramam as ofertas de bebidas.
>
> Êxodo 25.29

Achei isso fascinante, então fui comparar as diferentes traduções desse versículo em várias versões da Bíblia. Estas são algumas das palavras que encontrei: *pratos, copos, taças, jarras, colheres* e *tigelas* — tudo com o propósito de derramar ofertas. O sacerdote retirava o sangue de um cordeiro sacrificado e usava esses utensílios para derramá-lo como oferta a Deus. Pensei: "São objetos semelhantes aos que usamos em nossas mesas para as refeições!".

Ao me recordar das figuras e dos gráficos do tabernáculo que eu vira antes, não me lembro de uma mesa posta com pratos. Então olhei em alguns livros de referência as várias ilustrações da mesa do tabernáculo. Na maioria delas, a mesa não tem pratos, tigelas, taças nem colheres. Uma gravura trazia uma jarra ao lado de um prato com pães sírios empilhados nele. Entretanto, de acordo com o plano de Deus revelado em Êxodo 25.29, a mesa no tabernáculo era posta com pratos, tigelas, jarras, taças e colheres!

Curiosa, continuei a leitura e descobri o propósito divino para a mesa:

> Coloque sobre a mesa os pães da Presença, para que estejam sempre diante de mim.
>
> Êxodo 25.30

Quem é o Pão da Presença? Jesus! Ele disse: "Eu sou o pão da vida" (Jo 6.48). A refeição planejada por Deus para ser colocada na mesa dos pães da Presença representava o próprio Jesus, o Pão da vida que nos nutre e traz redenção. O Pão da Presença na mesa do tabernáculo era uma imagem de Cristo, que habitava como o arranjo central daquela mesa e era a "refeição" a ser partilhada. O sangue do cordeiro sacrificado proporcionava redenção pelos pecados do dia e do ano e representava o sangue do Cordeiro que redimirá o pecado de uma vez por todas. Imagine a presença sobrenatural e redentora de Jesus enchendo a vida daqueles que ofereciam um sacrifício e permitiam que o sacerdote se assentasse à mesa em seu lugar.

Agora quero que você imagine isto: no tabernáculo, a arca da aliança, a morada da presença de Deus, ficava atrás de um véu grosso e pesado. Já a mesa era colocada fora do véu, no lado norte. Deus disse a Moisés: "Coloque na mesa diante de

> Quem é o Pão da Presença? Jesus!

mim o pão da Presença — a presença que trará redenção". Os sacerdotes que ministravam todos os dias no tabernáculo não conseguiam ver a arca da aliança com a glória que pairava sobre ela, pois ficava oculta atrás do véu. Mas podiam ver a mesa posta com os pães da Presença.

Pense comigo: o que aconteceu com o véu do templo centenas de anos depois, após a morte de Jesus? Em 33 d.C., o templo de Jerusalém era uma estrutura magnífica, decorada com os mesmos elementos que compunham o tabernáculo. Não era mais uma tenda, mas, sim, um edifício grandioso. Os móveis, a arca da aliança, a mesa, o candelabro com sete braços e o altar de bronze eram réplicas do modelo do tabernáculo. Quando Jesus disse "Está consumado!" e expirou, o grosso véu do templo se rasgou em duas partes de alto a baixo (Mt 27.51; Lc 23.45). A presença de Deus agora estava exposta; a santidade divina na arca da aliança se encontrava aberta para a presença redentora de Jesus na mesa. O que aconteceu quando a santidade de Deus se encontrou com o poder redentor do Pão da Presença? Um terremoto! Foi um cataclismo. Nada do que existia permanece igual depois que um terremoto atinge uma região. De igual modo, quando Deus Pai, o Criador de toda a vida, se revela e Jesus libera sua presença redentora em nosso coração, nada em nossa vida permanece como antes. Passamos por uma transformação de vida quando o Espírito Santo derrama seu poder em nós!

Conforme descobriremos com mais detalhes, Deus se encontra conosco por meio de uma presença sobrenatural à mesa.

> Deus se encontra conosco por meio de uma presença sobrenatural à mesa. Essa presença divina à mesa vai além do que fazemos ou dizemos. Não importa quem somos ou o que fizemos.

Essa presença divina à mesa vai além do que fazemos ou dizemos. Não importa quem somos ou o que fizemos. A Bíblia nos diz que Deus atua pela graça, mediante a fé (Ef 2.8), e sentar-se à mesa é um passo de fé, com a confiança de que o Senhor se encontrará conosco lá. Quando fazemos nossa parte e nos assentamos à mesa, seja com familiares e amigos, seja a sós, o Pão da Presença se encontra conosco e atua em nosso coração. Nosso coração é formado e moldado com seu amor e sua paz à medida que aceitamos uns aos outros — uma fusão de relacionamentos exala.

O PRINCÍPIO DA MESA

O princípio da mesa é como um novelo dourado tecido ao longo da trama das Escrituras, proporcionando continuidade, brilho e sabedoria. Enquanto estudava e orava, perguntei a Deus: "Se há mérito neste princípio, por que nunca o ouvi ser ensinado em nossas igrejas?". Sou muito cautelosa ao abordar a Palavra de Deus e queria ter certeza de que aquilo que estava aprendendo sobre a mesa era mesmo a verdade divina.

> O princípio da mesa é a mensagem de Deus para nossa geração, a fim de fortalecer as famílias e nos preparar para fazer a obra dele no mundo atual.

Cheguei à compreensão de que o princípio da mesa sempre esteve presente na Palavra de Deus, mas agora chegou o momento em que precisamos ouvi-lo, muito mais do que antes. Creio que o princípio da mesa é a mensagem de Deus para nossa geração, a fim de fortalecer as famílias e nos preparar para fazer a obra dele no mundo atual. As gerações passadas praticavam instintivamente o princípio da mesa e desfrutavam os resultados: relacionamentos duradouros, segurança emocional e motivação pessoal. Na sociedade contemporânea, porém, nossa vida é cada vez mais fragmentada por atividades, estilos de vida e uma perda de valores absolutos que nos afastam da mesa familiar. Como resultado, vemos e sentimos os efeitos prejudiciais no casamento e na família.

Ao sentar-me em minha cadeira naquele dia e estudar a mesa que Deus designou para o tabernáculo, pensei: "Espere um minuto! Essa mesa se parecia com uma mesa de jantar. Tinha pratos, tigelas, colheres, taças e jarras — assim como a nossa mesa. Tinha a mesma altura das mesas de jantar de nossos dias. E também quatro cantos e quatro pés, como a maioria das mesas de hoje. Nela eram servidos os pães da Presença... Isso significa que a presença divina também se encontra conosco em nossa mesa!".

É claro que a mesa dos pães da Presença no tabernáculo não era uma mesa de jantar. Os sacerdotes não se reuniam ao redor da mesa e jantavam juntos. Não me entenda mal. O que Deus está dando aqui é um princípio, não uma instrução. Permita-me fazer uma pausa e esclarecer a diferença.

A instrução lhe diz como fazer algo passo a passo. É específico a uma tarefa particular e não pode ser transferido para outras partes de sua vida. Por exemplo, não é possível usar as instruções de como fazer um bolo para ajudá-lo a baixar um programa de computador. Quando você segue instruções para realizar uma tarefa, não compreende o raciocínio por trás delas; apenas faz exatamente o que lhe mandam e obtém o resultado desejado.

Já o princípio é uma verdade que lhe permite usar a razão. O raciocínio leva a uma série de maneiras de colocar o princípio em prática. Um princípio, portanto, pode ser aplicado a diversas áreas da vida. Um exemplo de princípio bíblico é que você colhe aquilo que semeia (Gl 6.7). Embora seja um termo agrícola, o versículo não está nos instruindo sobre como plantar; trata-se de um princípio ilustrativo de que só crescerá aquilo que for plantado.

Assim, aplicando essa compreensão ao princípio da mesa, percebemos que Deus não está nos dando instruções específicas de como construir mesas para nosso lar. Você não precisa fazer uma mesa de madeira de acácia, com setenta centímetros de altura e colocar pratos de ouro em cima dela. E se sua mesa de jantar for oval ou só tiver um pé no centro, não precisa se livrar dela e comprar uma mesa com quatro cantos e quatro pés. Mas o que continuaremos a aprender ao estudar as Escrituras e descobrir sobre o princípio da mesa é isto: o plano original de Deus para a mesa tinha a *concepção* das mesas de jantar que você e eu temos em casa. Ao colocarmos em prática o princípio da mesa, alimentaremos o corpo e o espírito à mesa com a presença redentora de Cristo.

> Ao colocarmos em prática o princípio da mesa, alimentaremos o corpo e o espírito à mesa com a presença redentora de Cristo.

VISÃO GERAL DO PRINCÍPIO DA MESA NAS ESCRITURAS

O princípio divino de cura, nutrição e presença redentora se encontrando conosco de maneira sobrenatural ao nos reunirmos em volta da mesa é apresentado de forma consistente ao longo da Bíblia. A seguir, confira uma breve síntese de algumas das muitas passagens bíblicas que revelam o princípio da mesa e sua importância para nossa vida.

Páscoa

No Antigo Testamento, Deus designou sete celebrações anuais que foram separadas como "reuniões sagradas" para adorar ao

Senhor, lembrar-se do que ele fizera e aguardar a redenção que um dia viria (Lv 23.4). Todas as gerações de israelitas, inclusive muitos judeus hoje, celebram essas sete festas anuais desde que elas foram estabelecidas por Deus milhares de anos atrás. Embora algumas delas envolvam alimentos significativos ou refeições compartilhadas de determinada maneira, talvez o exemplo mais notável do princípio da mesa fique evidente na primeira celebração, a Páscoa, que ocorre durante o primeiro mês do ano judaico (Êx 12.1).

A festa da Páscoa é um lembrete anual do livramento miraculoso da escravidão no Egito, uma obra de Deus por seu povo. Durante a festa, os israelitas se recordam do livramento divino reencenando o extraordinário acontecimento num jantar em família, planejado para ser um memorial contínuo da fidelidade de Deus à nação de Israel (Êx 12.14-17).

Uma das ordenanças mais importantes da Páscoa é a refeição pascoal, chamada de *Seder*, na qual a geração mais velha conta à mais nova a história do êxodo e explica os símbolos da refeição pascoal:

> Quando os seus filhos lhes perguntarem: "O que significa esta cerimônia?", respondam-lhes: É o sacrifício da Páscoa ao Senhor, que passou sobre as casas dos israelitas no Egito e poupou nossas casas quando matou os egípcios". Então o povo curvou-se em adoração. [...] Assim como o Senhor passou em vigília aquela noite para tirar do Egito os israelitas, estes também devem passar em vigília essa mesma noite, para honrar o Senhor, por todas as suas gerações.
>
> Êxodo 12.26-27,42

É importante ressaltar que a lembrança da Páscoa ocorre *ao redor da mesa*. O *Seder* é parte central da celebração da Páscoa, cumprindo a ordem bíblica de contar a história da Páscoa e prover uma ocasião significativa para as famílias judias se unirem em volta da mesa para honrar a Deus. Famílias cristãs e judias que escolhem recordar essas festas preparando refeições comemorativas e contando histórias sabem que o reforço de lembranças positivas do passado ajuda a edificar a fé para o futuro.

Interações de Jesus

No Novo Testamento, vemos Jesus Cristo praticando o propósito divino para a mesa em suas interações e em seus ensinos diários. Muitos dos ensinamentos que ele transmitiu a seus discípulos ocorreram em volta da mesa. Como observa um erudito religioso: "O evangelho de Lucas fala de dez momentos cruciais da vida de Cristo, e cada um deles ocorre durante uma refeição".[4] Na verdade, Jesus estava tão disposto a compartilhar refeições com as pessoas que os escribas e fariseus reclamaram: "Este homem recebe pecadores e come com eles" (Lc 15.2).

Ao longo de seu ministério terreno, encontramos muitos exemplos de Jesus partilhando refeições com pessoas consideradas pecadoras e excluídas da sociedade, como o publicano Zaqueu (Lc 19.5) e o leproso Simão (Mc 14.3). Pelo que sabemos, Jesus nunca recusou um convite para jantar, fosse de desprezados ou de notáveis estudiosos das Escrituras (Lc 7.36).

Um dos muitos exemplos de Jesus jantando com outras pessoas ocorreu quando visitou o lar de Lázaro seis dias antes da Páscoa (Jo 12.1-8). À mesa, Maria exprimiu seu amor por Jesus lavando seus pés com um caro perfume. Naquela época, a única forma de chegar a seu destino era andando. Caso o indivíduo fosse rico, poderia ir montado num jumento. Mas o principal meio de transporte era o pé, que ficava cansado, calorento, sujo e malcheiroso! Anfitriões educados ofereciam água fria para os visitantes lavarem os pés. Mas o próprio anfitrião lavar os pés de um viajante cansado era um serviço raro e extremamente especial.

Imagine a cena: não muito tempo antes, Lázaro morrera e estivera na sepultura por quatro dias até Jesus milagrosamente lhe restaurar a vida. Marta, sua irmã, estava na cozinha preparando uma refeição suntuosa. Jesus e os discípulos chegaram de uma jornada quente e poeirenta das colinas de Efraim. Jesus sabia que iria à cruz em apenas seis dias, de modo que muito ansiava por passar um tempo aconchegante e íntimo com seus melhores amigos e discípulos. Onde ele resolveu fazer isso? À mesa da casa deles.

> Jesus gostava de ficar cercado por amigos, discípulos e pessoas amadas em volta da mesa.

Jesus sabia que aquela seria a última oportunidade de desfrutar a companhia dos amigos Maria, Marta e Lázaro antes de ser crucificado. Mas ele não escolheu passar seu último dia com eles em meio às multidões do mercado. Não disse: "Ei, vamos pescar!". Não, eles se reuniram ao redor da mesa. Jesus gostava de ficar cercado por amigos, discípulos e pessoas amadas em volta da mesa, onde os encorajava com sua presença e dava exemplo de verdade, ensino, gratidão, serviço e perdão.

A última ceia

Na noite anterior à crucificação, a última coisa que Jesus escolheu fazer com os homens em quem havia investido sua vida por três anos foi compartilhar uma refeição — a refeição pascal.

Como vimos, o *Seder* era uma refeição significativa que tinha o objetivo de celebrar a presença e o poder de Deus, mas também era importante para o propósito de Jesus na última ceia.

A sala no andar superior foi emprestada por um homem rico. Não sabemos ao certo qual era a aparência do ambiente, mas temos certeza de que não deveria se parecer com a pintura de Leonardo da Vinci! Quando chegou a noite, a refeição foi preparada e a mesa posta para Jesus e os doze discípulos.

É importante notar que nenhum dos discípulos foi excluído da última ceia. Durante a última refeição juntos antes da crucificação, Jesus dividiu a mesa com todos os doze, inclusive com o homem que logo o trairia e com aquele que o negaria enfaticamente. À mesa pascoal, Jesus estendeu graça e companheirismo a cada um, servindo-os e partilhando sua presença.

Aparições após a ressurreição

Depois de ressuscitar dos mortos e antes de subir aos céus, Jesus estava caminhando pela estrada para Emaús e se encontrou com Cleopas e seu amigo. Esses seguidores de Jesus estavam profundamente entristecidos pela crucificação que ocorrera dias antes e, em seu sofrimento profundo, não o reconheceram. Jesus caminhou com eles um pouco e "começando por Moisés e todos os profetas, explicou-lhes o que constava a respeito dele em todas as Escrituras" (Lc 24.27).

No entanto, mesmo depois de andar e conversar, Cleopas e o amigo não conseguiram reconhecer Jesus. Foi só quando o convidaram para entrar e participar de uma refeição — quando estavam partindo o pão juntos à mesa — é que finalmente se deram conta de que o próprio Messias estava entre eles. "Quando estava à mesa com eles, tomou o pão, deu graças, partiu-o e o deu a eles. Então os olhos deles foram abertos e o reconheceram" (Lc 24.30-31).

Foi à mesa que Cleopas e seu amigo tiveram um encontro sobrenatural com Cristo, o Pão da Presença, que já estava com eles havia algum tempo. Esta foi, na verdade, a primeira "ceia" após a morte e ressurreição de Jesus. Lembre-se de que a ceia não era um ritual religioso como hoje, mas um momento de comunhão, ou comunicação, numa refeição conjunta, para lembrar o que Jesus fizera enquanto esteve entre eles. A ceia no Novo Testamento era uma experiência da mesa.

> A ceia no Novo Testamento era uma experiência da mesa.

O banquete do casamento do Cordeiro

O princípio da mesa, conforme revelado nas Escrituras, não para aqui na terra. Apocalipse 19.9 diz: "Felizes os convidados para o banquete do casamento do Cordeiro!".

Sabe o que Deus está fazendo neste exato momento? Separando um lugar à mesa que ele preparou para o banquete do casamento do Cordeiro. A primeira coisa que faremos ao entrar em sua presença é jantar com nosso noivo, Jesus, em nossa festa de casamento.

A Bíblia conta que nosso relacionamento com Cristo é semelhante ao de uma noiva e um noivo (Ap 21.2, 9). Quando criamos um lugar particular e seguro para desfrutar intimidade com o Senhor, podemos contar a ele tudo que pensamos e sentimos, mesmo se soubermos que não deveríamos nos sentir daquele jeito. Tudo bem para ele — Deus não se surpreende porque já conhece nosso coração! Podemos exprimir nosso amor por ele verbalmente e sentir seu amor por nós. Além disso, podemos manifestar expressões físicas de amor pelo noivo ao ajoelhar-nos ou prostrar-nos diante dele. Embora isso não seja apropriado no culto público, na intimidade particular não temos necessidade de nos impor limites enquanto expressamos nossa devoção a Deus.

Depois de viver com esse tipo de intimidade e de devoção pelo noivo por tantos anos aqui na terra, minha mente mal pode conceber como será vê-lo face a face um dia. A associação mais próxima que consigo fazer é o frio intenso na barriga que sinto quando Larry e eu ficamos longe por várias semanas e o vejo à distância ao andar em sua direção no corredor do aeroporto.

E pensar que Jesus não só está esperando por mim, como também preparou com esmero uma festa para celebrar o encontro! Por sermos a noiva de Cristo, você e eu nos assentaremos à mesa dele durante o banquete. No reino de Deus, celebraremos nossa intimidade eterna com Cristo ao nos reunirmos em torno de sua mesa. E há um lugar reservado para você e para mim! Nada poderia ser mais íntimo e pessoal do que ver nosso nome escrito em lugares marcados na mesa em sua presença.

Da mesa no tabernáculo até o banquete do casamento do Cordeiro, a Palavra de Deus está repleta de exemplos da presença divina à mesa, proporcionando intimidade, cura e nutrição espiritual. Portanto, vamos nos preparar para um encontro sobrenatural com o Senhor e preparar nossa mesa!

Reflexões à mesa

1. Assim como o pequeno vazamento no banheiro de cima, você tem negligenciado a mesa de sua família de alguma forma, sem pensar nas consequências de longo prazo?

2. Diga como você planeja "consertar seu vazamento", criando um novo hábito positivo de reunir-se à mesa com regularidade em seu lar.

3. Quem é o Pão da Presença?

4. Qual era o propósito da mesa no tabernáculo?

5. Cite três ocasiões em que Jesus se assentou à mesa com
outras pessoas. Qual era a importância dessas refeições?

3

Arrume sua mesa

Matou animais para a refeição,
preparou seu vinho e arrumou sua mesa.

Provérbios 9.2

Carrego no dedo um anel maravilhoso, cheio de pedras esplêndidas. Mas nem sempre foi assim. Minha aliança de casamento é uma combinação de elementos quebrados e escondidos.

Anos atrás, quando Larry e eu nos aproximávamos de nosso quadragésimo aniversário de casamento, ele queria me dar um presente significativo. Mas não tínhamos uma renda estável, porque Larry deixara o pastorado pouco tempo antes para seguir a visão de um novo ministério que estávamos iniciando pela fé. Certo dia, ele olhou para minha aliança e disse:

— Devi, mais que qualquer coisa, eu adoraria substituir esse anel feioso em sua mão.

— Não se preocupe, querido — respondi. — Não é a hora. Colocamos tudo que temos naquilo que acreditamos ser o chamado de Deus para nós neste momento. Trocar minha aliança de casamento é a última coisa em minha lista.

Até que me lembrei de algo:

— Larry, tive uma ideia! Existe uma caixinha que sua mãe deixou em meio às coisas dela dez anos atrás. Dentro dela, há vários pedacinhos quebrados de joias, inclusive um relógio que ela me deu com cerca de dois quilates de pequenos diamantes.

Há também alguns braceletes antigos com pedaços minúsculos de diamantes, e eu tenho algumas joias quebradas ali dentro também. Que tal você levar tudo que está dentro da caixa para o joalheiro e ver o que ele consegue fazer? Dessa maneira, não vamos gastar dinheiro, mas unir os pedaços quebrados para fazer um belo anel.

Larry sabe que eu gosto de faixas largas com pedras enfileiradas, ou seja, várias pedras minúsculas agrupadas, e concordou com a ideia.

Ele levou a caixa cheia de pedaços quebrados e fragmentados para o joalheiro. Nenhuma daquelas joias tinha valor por si só. Eram pedaços mínimos que não podiam ser usados nem consertados. Foram considerados insignificantes e permaneceram dentro de uma caixa, sem uso, por mais de dez anos.

Alguns dias depois de Larry levar a caixa ao joalheiro, recebi um telefonema.

— Fiz uma descoberta — contou-me o joalheiro. — Quando levantei o tecido de algodão que revestia a caixa, encontrei uma pedra enrolada em papel de seda. É um solitário. Quer que eu o acrescente em seu anel?

Respondi:

— Claro, por que não?

Eu não sabia qual era o aspecto daquela pedra; na verdade, nem sabia que ela estava ali. Pensei que a mãe de Larry, com a mentalidade influenciada pelo período da grande depressão, conseguiu aquela pedra e a escondeu debaixo do forro de sua caixa de joias. Meu marido e eu não sabíamos que a possuíamos, muito embora estivesse em nossa casa havia mais de uma década.

Quando o anel ficou pronto, fiquei encantada com sua beleza. Mal podia acreditar que todos aqueles pedaços quebrados haviam se transformado em algo tão deslumbrante e valioso! É exatamente isso que acontece quando você une o quebrado e o escondido: recebe bênçãos inesperadas.

Seu lar pode parecer fragmentado, com cada um indo para direções opostas todas as noites da semana, correndo atrás de diversos interesses. Quando todas as peças da família estão separadas, elas não têm noção de seu valor. Mas no momento em que você une as partes quebradas e fragmentadas de sua família ao redor da mesa, tem a oportunidade de descobrir os dons únicos de cada um e de experimentar uma extraordinária restauração de valor, muito maior do que você poderia sonhar. O potencial de cada um começa a ser revelado.

A DIGNIDADE E A SANTIDADE DO LAR

Ao longo das Escrituras, vemos Deus atribuindo dignidade e santidade à instituição do lar. Ele criou a primeira família no jardim do Éden, dando instruções claras a Adão e Eva sobre seu propósito para o casamento e a família. Acho significativo Deus ter colocado ordem na família *antes* de entregar a lei e antes de enviar seu filho para morrer na cruz. Ele inclusive escolheu o casamento para ilustrar seu relacionamento conosco.

> É no lar que nosso coração se forma.

É no lar que nosso coração se forma. Não importa quanto tentemos basear nossa vida em outras coisas, como esportes, educação, segurança nacional, economia, ou até mesmo a igreja, não podemos mudar a realidade de que todo o desenvolvimento físico, emocional e espiritual da alma humana começa em casa.

Em nossa sociedade, porém, o lar tem deixado de ser o centro das atividades da família. Em vez de passar tempo juntos de noite, reunidos em volta da mesa para compartilhar histórias e se relacionar uns com os outros, mães, pais e filhos costumam se dividir em diferentes direções: trabalho, creche, treino de futebol, estúdio de dança, ginásio, centro cívico e assim por diante. Até mesmo o excesso de atividades dentro da igreja usurpa o tempo de que a família necessita em casa. Estamos tão ocupados levando os filhos para diversos esportes e atividades variadas que a maioria dos jantares da família vêm da janela de um restaurante de *fast-food* e a comida é engolida no banco de trás do carro. Um estudo recente realizado por Roper Public Affairs & Media descobriu que 80% dos norte-americanos têm dificuldade de encontrar tempo para comer juntos com regularidade.[1]

O que aconteceu com a dignidade e a santidade do lar? Como nos afastamos tanto dos trilhos? Neste capítulo, veremos por que os valores do lar se desgastaram lentamente e exploraremos maneiras práticas de unir à mesa os pedaços quebrados de sua família a fim de restaurar a dignidade e a santidade do lar.

O QUE ACONTECEU COM O LAR?

Nós, cristãos, temos um inimigo que teme a presença de Deus. Satanás sabe que não é capaz de vencer a Deus; então, em vez disso, tenta minar a autoridade divina em nossa vida. Uma das estratégias mais eficazes de Satanás consiste em nos manter tão ocupados que não ficamos mais em casa.

Veja bem, o inimigo sabe quem nós somos. Se amamos a Jesus e seguimos a Deus, ele não costuma nos tentar a cometer pecados abertamente. Por exemplo, amo muito meu marido e tenho um forte compromisso com nosso casamento, portanto o inimigo não me tenta a ter um relacionamento sexual com outro homem. Não me sinto tentada a furtar uma revista na saída do supermercado, nem a assaltar o caixa com uma arma em mãos. Não, em geral, o inimigo não nos tenta com pecados tão óbvios como esses. Sendo nós cristãos que creem no poder de Deus, na redenção de Jesus e na presença poderosa do Espírito Santo, o plano mais eficaz do inimigo consiste em nos desviar do caminho só o necessário para nos deixar desamparados. Ele nos distrai, assegurando que estejamos tão ocupados fazendo coisas boas que não tenhamos tempo para chegar a nossa casa e arrumar a mesa.

Se é no lar que o coração se forma, então é à mesa que ele se conecta. À mesa, experimentamos o Pão da Presença, a presença redentora de Jesus que fortalece nosso casamento, une a família e alimenta o coração. Creio que o objetivo do inimigo para nós é algo mais ou menos assim: "Já que não posso levar aqueles que verdadeiramente conhecem a Cristo a negá-lo, vou deixá-los tão ocupados que não se assentem mais à mesa, onde habita a presença redentora de Jesus".

> Se é no lar que o coração se forma, então é à mesa que ele se conecta.

Em minha infância, havia uma diferença entre o estilo de vida das famílias cristãs e não cristãs. Minha família era envolvida em atividades da igreja das quais as famílias não cristãs não participavam, e nós não tínhamos as mesmas atividades que as outras famílias. Hoje, porém, as famílias da igreja costumam fazer tudo que as famílias de fora realizam: nossos filhos praticam os mesmos esportes e se envolvem em cursos e programas comunitários de todo tipo. Muitas de nós levam os filhos a uma atividade diferente cada dia da semana. E então, junto com todas essas atividades e com todo o envolvimento, acrescentamos a igreja. Ou seja, além dos esportes e das atividades extracurriculares, nossos filhos vão a reuniões de jovens no meio da semana, ao ensaio do grupo de louvor e ao culto, enquanto nós participamos do estudo bíblico para adultos, somos voluntários em diversos ministérios e participamos de treinamentos para a liderança. Ao observar as famílias cristãs em nossa igreja e por toda a nação, comecei a acreditar que o motivo para o índice de divórcio ser mais alto entre as famílias que frequentam a igreja é que ficamos menos em casa!

Preciso deixar claro que cada uma dessas atividades é boa em si. Não há nada de inerentemente errado em fazer esportes, cursos, envolver-se na comunidade ou ser participativo na igreja. Na verdade, algumas dessas coisas são essenciais. Todavia, nenhuma delas nem todas reunidas são capazes de substituir o ambiente acolhedor de um lar saudável. A pessoa que nos tornamos é um reflexo direto de onde passamos nosso tempo.

> A pessoa que nos tornamos é um reflexo direto de onde passamos nosso tempo.

Larry e eu começamos a notar essa tendência de excesso de compromissos há vários anos, enquanto ainda pastoreávamos uma igreja. Observávamos famílias cristãs bem-intencionadas que, movidas pelo desejo sadio de se envolver e ajudar, concordavam em auxiliar ou liderar diferentes ministérios da igreja. O resultado é que esses homens e mulheres, pais e mães, iam à igreja várias noites por semana, atuando em múltiplos ministérios. No entanto, quando voltavam para casa, ninguém estava à mesa! Por isso, Larry tomou uma decisão importante: nossa igreja começou a limitar o envolvimento das pessoas a uma área de ministério. Escolha um ministério, orientávamos, e se envolva nele de todo o coração. Participe plenamente dessa área, mas, nas outras noites da semana, fique em casa e se reúna à mesa com sua família!

Perguntas importantes

1. Das 21 refeições regulares da semana, quantas, em média, sua família faz reunida?

2. Que barreiras impedem vocês de aumentar este número?

3. O que você pode fazer para remover algumas das barreiras e aumentar o número de suas refeições em família?

Dessa forma, nossa igreja ajudou as famílias a definirem limites saudáveis e a restaurar a importância da mesa no lar.

A mesa de jantar é o único lugar em que a família se senta a um metro de distância, face a face, e conversa de trinta minutos a uma hora. É o lugar em que a alma é alimentada e o caráter, formado. É ali também que a presença sobrenatural do próprio Deus vem para operar em nosso coração.

Sua vida é tão ocupada que você não se senta mais à mesa? Quer seja casada, quer solteira, com ou sem filhos, o Pão da Presença deseja se encontrar com você à mesa familiar. Ele bate a sua porta, convidando-a para cear. Será que você está distraída demais para ouvir? Se for o caso, você está perdendo a incrível renovação espiritual da presença divina à mesa.

> Sua vida é tão ocupada que você não se senta mais à mesa?

Talvez sua família tenha dons valiosos que ainda não foram descobertos e colocados em uso porque vocês estão separados ou distantes. Você se vê ocupada fazendo a obra de Deus, realizando coisas boas, servindo e ajudando. Mas o convite de Jesus a nós é: "Eis que estou à porta e bato. Se alguém ouvir a minha voz e abrir a porta, *entrarei e cearei com ele, e ele comigo*" (Ap 3.20). Jesus quer entrar e sentar-se à sua mesa. Mas para isso acontecer e ele cear conosco, primeiro precisamos arrumar a mesa.

A MULHER SÁBIA ARRUMA SUA MESA

O livro de Provérbios nos revela o desígnio de Deus para o caminho da sabedoria. Provérbios 9.2 diz: "Matou animais para a refeição, preparou seu vinho e arrumou *sua mesa*". Quem é o sujeito neste versículo? A sabedoria! Este é o princípio que podemos aprender: agimos com sabedoria ao preparar o jantar e arrumar a mesa. É importante planejar com antecedência e pensar no que nossa família terá para comer.

Talvez você ache sua agenda ocupada demais para preparar a mesa. Afinal, você e seus filhos participam de atividades quase todas as noites da semana e do final de semana! Talvez você pense que não tem tempo suficiente para ir ao supermercado comprar os alimentos necessários para uma refeição nutritiva em família. Reconheço que você é atarefada e sei que será necessário esforço e criatividade de sua parte. Mas se é nosso desejo experimentar a presença redentora de Jesus, o Pão da Presença, encontrando-se conosco em nosso lar, precisamos dar um jeito de estar em casa e arrumar a mesa.

> Agimos com sabedoria ao preparar o jantar e arrumar a mesa.

Contratei um cinegrafista para fazer o filme promocional deste livro. Quando ele chegou, trouxe a esposa como assistente. Fiquei animada em conhecê-la e logo começamos a conversar. Ela me contou que eles estavam casados havia três anos e, juntos, formavam uma família mista com seis filhos.

Começamos a filmar e ela me ouviu falar com paixão sobre a mensagem deste livro. Em seguida, fez alguns comentários em tom defensivo sobre a natureza frenética dos jantares em família. Senti o desejo de levá-la para casa comigo e poder amá-la, ouvir seu coração e orientá-la carinhosamente. Queria aumentar sua confiança e elevar seu valor no relacionamento com a família e o novo marido. Mas eles guardaram o equipamento e se despediram.

Na manhã seguinte, a igreja estava lotada. Quando me levantei para falar, olhei para a esquerda e, no terceiro banco, vi esta família: pai, mãe e seis filhos preciosos com idades que variavam da infância ao fim da adolescência. Depois de apresentar o princípio da mesa, pedi às famílias que se levantassem a fim de reconhecer que queriam agir melhor e reunir os seus na experiência da mesa. Aquela família se levantou, junto com várias outras no templo. Orei por aqueles que ficaram em pé e terminei a mensagem.

Na mesa de autógrafos após o culto, a esposa veio até mim e disse: "Você abalou meu mundo! Nunca mais serei a mesma depois de ouvir esta mensagem".

Leva tempo para sarar as divisões dentro da família, e aquela mãe amorosa fez o compromisso naquela manhã de ser "abalada", virada de cabeça para baixo. Ela saiu da igreja determinada a reunir todos os filhos ao redor da mesa para experimentar o Pão da Presença, capaz de curar os corações e unir sua família mista.

OCUPADAS EM CASA

Tito 2.5 nos diz que as mulheres devem ficar ocupadas em casa. É claro que isso não quer dizer que as mulheres devem ser escravas do lar, nem que precisam ficar em casa o dia inteiro, todos os dias. A ideia de "estar ocupada" em casa significa que você recebeu de Deus a responsabilidade de supervisionar seu lar e mantê-lo em funcionamento adequado para a honra do Senhor. Iniciativas pessoais ou profissionais não mudam o fato de que Deus designou as mulheres para serem as principais influenciadoras do lar.

Atualmente, as mulheres têm mais influência pública e conquistas do que jamais tiveram. Mesmo assim, parecem estar mais insatisfeitas do que nunca. Por que isso acontece? Creio que é porque não importam quais sejam suas conquistas, nem quanto você seja estimada no mundo profissional, se seus filhos forem rebeldes e seu lar for cheio de briga e caos, não se sentirá realizada. Mas você não precisa deixar de trabalhar fora para ser frutífera. As duas coisas podem andar lado a lado. Você só precisa se certificar de que está "ocupada" em casa, mesmo quando está longe, fazendo as coisas necessárias para garantir que seu lar esteja em ordem, em paz e honrando a Deus.

> A ideia de "estar ocupada" em casa significa que você recebeu de Deus a responsabilidade de supervisionar seu lar e mantê-lo em funcionamento adequado para a honra do Senhor.

Não importa se você trabalha fora ou não, encaremos a realidade: a mulher é quem dita a agenda da família. É você quem matricula os filhos nas atividades da escola e também quem os leva para o treino de futebol, a aula de dança e as festas de aniversário. Portanto, depende de você, a responsável pela casa, fazer da experiência à mesa uma prioridade na vida de sua família. O que está no calendário para amanhã? Pense em como será seu dia e faça um plano: "É isto que vou fazer para o jantar". Esse é o caminho da sabedoria. Não é nada

Ideias divertidas para arranjos de centro da mesa familiar

Noite dos meninos: use um caminhão de brinquedo como suporte para um vaso de plantas.

Noite das meninas: coloque um vasinho de flores num porta-joias e decore com correntes de contas.

Noite do papai: um boné esportivo ou um capacete pode conter um vaso de plantas.

Noite da mamãe: flores naturais e velas sempre fazem a mãe se sentir especial.

sábio passar pelo *drive-through* de um restaurante de *fast-food* na última hora!

Minha nora Kim tem duas filhas pequenas e trabalha fora como professora assistente de matemática na High Point University, na Carolina do Norte, Estados Unidos. No capítulo 5 deste livro, ela dá dicas práticas de como consegue preparar refeições simples e nutritivas para a família ao mesmo tempo em que administra um emprego em período integral.

Minha amiga Marilyn trabalhava como professora de ensino médio enquanto os filhos moravam em casa e é uma prova viva de que é possível trabalhar em tempo integral, criar a família, desfrutar o casamento e ainda servir refeições regulares à mesa. Qual era o segredo dela? Marilyn estava disposta a pagar o preço — fazer o que fosse necessário a fim de ter tempo para as refeições em família. Ela realizava isso aprendendo a orar, priorizar e planejar. Marilyn disse: "Eu queria que meus filhos olhassem algum dia para o passado com lembranças doces de nosso tempo juntos e das refeições em família. Decidi, quando eles eram pequenos, como seria a 'comida caseira da mamãe'. Queria que eles se lembrassem da hora de comer como um momento divertido, relacional, delicioso e nutritivo. Agora que meus filhos cresceram e estão na faculdade, posso lhe garantir que, se pudesse fazer tudo de novo, tornaria as refeições juntos à mesa uma prioridade mais uma vez".

Quando meus filhos eram pequenos, preparar uma refeição significava fazer tudo do zero. Mas hoje os corredores do super-mercado estão cheios de alimentos prontos que podem ajudá-la a servir pratos nutritivos à mesa. Você pode comprar bandejas de verduras e legumes sortidos e porções individuais de frutas congeladas. Também encontra pão fresquinho e tortas. Quan-do separamos alguns minutos por dia para planejar a refeição, conseguimos seguir com mais facilidade o caminho da sabedo-ria ao escolher alimentos frescos e saudáveis do supermercado ou da mercearia do bairro para criar refeições nutritivas para nossa família.

E se seu marido só chega em casa tarde do trabalho? Você pode se sentir tentada a dar comida para as crianças e deixar as sobras na geladeira para ele esquentar quando voltar. Mas não prive seu esposo do Pão da Presença! E, por favor, não faça seus filhos terem uma vida separada do pai. Caso seu esposo trabalhe até tarde, sugiro que você dê um lanche às crianças, coloque-as para tomar banho e vestir pijamas e leia a história de dormir. Então, quando ele chegar a sua casa, você e os filhos podem comer juntos, como família — mesmo que seja apenas para comer sobremesa reunidos. Se seu marido faz plantão e trabalha a noite inteira, a refeição familiar pode ser o café da manhã ou o almoço. Não importa qual refeição vocês escolham para comer juntos de maneira regular; o importante é passar tempo uns com os outros em volta da mesa. Há muitas soluções criativas para pais que trabalham até tarde ou ficam de plantão à noite. Converse com seu cônjuge e encontre uma maneira de reunir sua família ao redor da mesa com regularidade.

FAÇA DA MESA UM LUGAR PRAZEROSO

Uma maneira de transformar a mesa num lugar prazeroso é usar pratos, toalhas e jogos americanos bonitos. Sugiro que, às vezes, você use porcelana ou seus melhores pratos com sua família, para que cada um se sinta tão importante quanto um convidado especial. Ao fazer pequenos esforços para criar o clima e preparar a refeição, você confere dignidade e honra aos membros de sua família.

Ao arrumar a mesa, não precisa fazer nada elaborado. Não é necessário usar louças caras, nem um arranjo de centro com flores naturais cultivadas em seu jardim. Quando você usa o que tem com um pouco de planejamento e muito amor, pode criar uma mesa linda!

Quando tiro os pratos da máquina de lavar louça, sempre os coloco direto na mesa, em vez de cruzar a cozinha inteira e guardá-los no armário. Em minha casa, a mesa fica bem mais perto da máquina! Manter sua mesa posta com vasilhas bonitas, como faço em minha casa, pode ser uma maneira de receber as pessoas em seu lar e em sua vida. Isso não quer dizer que sua mesa deve se parecer com a vitrina de uma loja de móveis — tão bonita que ninguém tem coragem de comer nela! Mas todas nós podemos usar o que temos para arrumar a mesa e torná-la aconchegante e convidativa.

Arrumar a mesa não é um mero ato de sabedoria, mas também um ato de serviço a sua família. Sejamos francas: haverá muitas noites em que você não sentirá vontade de fazer o jantar e colocar a mesa para seus filhos e para seu marido. Às vezes, será necessário comprar comida pronta no caminho de volta para casa. Mas quando você transforma as refeições em família numa prioridade de seu lar, você escolhe honrar a Deus e o convida a

Forros criativos para a mesa

- Use uma colcha quando servir um prato caseiro da roça.

- Lençóis novos e coloridos em várias estampas podem criar vários temas para a mesa.

- Tecido preto é um ótimo pano de fundo para jogos americanos e mesas quadradas. Acrescente estampa de bichos, como zebra ou onça!

- Panos de prato de linho ou de material atoalhado funcionam muito bem como jogos americanos. Coloque-os na mesa deixando que a barra caia pelos cantos.

- *Sousplats* coloridos colocados debaixo do prato conferem variedade e evitam manchas na toalha.

- Tecidos brilhantes ficam lindos debaixo dos *sousplats* em datas comemorativas.

- Cortinas de renda compradas em brechó ficam ótimas como toalha para um chá temático da era vitoriana.

estar presente em sua casa, dando a ele a oportunidade de atuar no coração e na vida de seus queridos.

Você também pode envolver seus filhos no preparo da refeição, ensinando-os, pelo exemplo, como servir. A escolha de arrumar a mesa em casa educa as crianças, a próxima geração, mostrando-lhes de maneira concreta como servir sua futura família preparando a mesa em seu próprio lar.

Aprimore a experiência da mesa para toda a família

- Coloque música para tocar enquanto todos comem.

- De vez em quando, use seus melhores pratos só para a família; não os reserve apenas para as visitas.

- As refeições devem ser preparadas segundo o gosto dos adultos. Contudo, sempre tenha um prato que você sabe que seus filhos amam.

- Para refeições rápidas e casuais, use pratos e guardanapos coloridos de papel e acenda uma vela.

TRANSFORME A MESA NUMA PRIORIDADE

Desde o surgimento do feminismo nas décadas de 1950 e 1960, nossos lares foram replanejados com balcões e prateleiras, em vez de ter um espaço separado para a mesa. Quando reflito em quantas casas não têm espaço adequado para uma mesa na cozinha, penso que o inimigo das almas pode estar dizendo: "Sei o que faço! Se eu conseguir colocar as famílias sentadas lado a lado, olhando para a parede enquanto comem, elas ficarão desconectadas emocionalmente. Estarão tão ocupadas que, com o tempo, pararão de comer juntas". Afinal, quando falta conexão emocional, não sentimos necessidade de comer ao mesmo tempo. Logo deixamos de nos reunir à mesa.

Quando dou palestras sobre o princípio da mesa em todo o país, costumo ser abordada por mulheres que dizem: "Devi, nossa casa nem sequer tem uma mesa!". Não permita que esse obstáculo a impeça de obedecer à ordem divina de arrumar a mesa! Eu a incentivo a comprar uma mesa barata esta semana. Ou use uma mesa de jogos. Ou coloque um tampo em cima de dois cavaletes e o cubra com tecido. Você pode fazer uma mesa. Ela não tem de ser bonita nem sofisticada; só precisa ser um lugar usável no qual sua família possa se reunir frente a frente e desfrutar em conjunto o Pão da Presença.

Outra pergunta que ouço com frequência é: "Devi, e meu marido? Ele não se senta mais à mesa. Só quer comer em frente à TV". Caso seu esposo se recuse a ir para a mesa, tenho uma sugestão: com amor, pegue uma bandeja para seu marido. Coloque um pano e faça o prato dele. Ao preparar a bandeja, ore por ela, dizendo: "Senhor, faça uma obra no coração de meu marido". Então, leve a bandeja até ele e sente-se a seu lado enquanto ele come. Se tem filhos, você e as crianças podem comer juntos à mesa enquanto seu marido come na bandeja. Você continuará honrando-o e arrumando a bandeja dele, na esperança de que um dia ele se una a você e aos filhos à mesa, onde o Pão da Presença transformará o coração dele de forma sobrenatural e fortalecerá sua família.

Neste mundo frenético, as refeições podem ser a única oportunidade de você e sua família compartilharem momentos preciosos juntos. Se você quer arrumar sua mesa, precisa transformar isso numa prioridade. Reveja a agenda de sua família e encontre um meio de possibilitar que todos jantem juntos. Como diz a especialista em famílias Becky Hein: "Mesmo se forem apenas um ou dois jantares por semana com a televisão desligada, é melhor do que nenhum".[2]

Você está disposta a tentar algo que nunca fez? Fará o compromisso de transformar em prioridade a reunião regular à mesa com os membros de sua família? A princípio, não será fácil. O pai precisa se comprometer a chegar cedo do trabalho ou escolher outra refeição para partilhar com a família. A mãe precisa preparar o cardápio com antecedência. Os filhos devem ajudar a colocar a mesa e a tirá-la após o jantar. Todos devem lavar a louça juntos. O objetivo é que a família inteira fique reunida com um propósito.

> Neste mundo frenético, as refeições podem ser a única oportunidade de você e sua família compartilharem momentos preciosos juntos.

Se as famílias de todo o país voltassem à mesa, você consegue imaginar como elas seriam mais fortes e saudáveis? Vamos arrumar a mesa e levar até ela as famílias espalhadas e fragmentadas, pois Jesus promete jantar com vocês e transformar-lhes a vida com sua presença redentora.

Esposas, maridos, homens e mulheres solteiros, eu os convido a fazer um novo compromisso — um compromisso que leva o poder da redenção a sua família de maneira mais significativa e sobrenatural, de um jeito que você nunca experimentou. Não permita que o inimigo continue a distrair sua família e a mantenha longe da mesa. Em vez disso, faça o compromisso com Deus e uns com os outros de se reunir todos os dias em volta da mesa familiar. Viva, então, com a certeza confiante da presença do Senhor com vocês todos os dias, enquanto crescem juntos na graça e no poder de Deus.

Reflexões à mesa

1. Complete esta frase: "Se é no lar que o coração_____ _____, então é à mesa que ele _____".

2. Que atividades em sua agenda a impedem de arrumar a mesa?

3. Que itens você precisa providenciar para melhorar a aparência de sua mesa?

4. Que virtude bíblica em Provérbios 9.2 é atribuída àqueles que arrumam sua mesa?

5. Liste os passos que você precisa dar para transformar o preparo de refeições e a arrumação da mesa numa prioridade.

Lugares de honra

"Não tenha medo", disse-lhe Davi, "pois é certo
que eu o tratarei com bondade [...] e você comerá
sempre à minha mesa".

2 SAMUEL 9.7

HÁ VÁRIOS ANOS, CONHECI uma bela dominicana chamada
Cecelia. Ela fora liberta de um estilo de vida de imoralidade e
havia se tornado uma cristã maravilhosa, comprometida com
Jesus Cristo. Quando ouviu sobre a Mansão de mentoria, Cecelia
se voluntariou para ajudar. Ela ficou sabendo que oferecíamos
massagens nos pés das mulheres durante a estada na mansão
e se ofereceu para fazer esse serviço e embelezar as unhas dos
pés das hóspedes, fazendo pinturas decoradas.

Não me entenda mal: acho que fazer massagens nos pés é
um ótimo serviço. Eu mesma o faço regularmente nas mulheres
que vão à Mansão de mentoria. Nessa ocasião, porém, quando
Cecelia se voluntariou para servir as hóspedes da casa dessa
forma, o Espírito Santo me chamou a atenção, como se estivesse
dizendo: "Ela pode fazer muito mais que massagear pés".

Fiquei curiosa para descobrir o que Deus tinha reservado
para aquela mulher preciosa e senti vontade de conhecê-la melhor.
Então a convidei para ir à minha casa tomar um chá.

— Não, Devi — ela respondeu de forma gentil, mas firme.
— Não posso ir a sua casa.

Presumi que ela deveria estar ocupada no dia que sugeri. Por isso, disse:

— Tudo bem, Cece — usando minha forma carinhosa de chamá-la. — Vamos encontrar um momento melhor. Quando você pode, então?

Eu pensava em como poderíamos reorganizar nossas agendas para encontrar uma ocasião em que ela estivesse disponível.

— Não, não — ela insistiu olhando para os pés. — Eu *não posso* ir a sua casa.

Naquele instante, percebi o que acontecia: ela não se sentia digna de ir a minha casa e comer à minha mesa. Eu a encorajei:

— Cecelia, eu a estou chamando para ser minha convidada de honra e quero muito que você vá.

Relutante, ela concordou e marcamos a data.

Quando Cecelia chegou, sentamos à pequena mesa de bordas dobráveis no canto de minha cozinha. Acendi uma vela pequena e havia colhido algumas flores do jardim. A mesa estava muito gasta para ficar exposta, por isso eu cobrira o tampo arranhado com uma toalha branca bordada com flores em tom pastel. O chá foi servido em um bule com estampa delicada e colocado em xícaras com pires que combinavam. Ao lado dos pires, pus colheres de chá que havia comprado na Alemanha muitos anos antes. Não preparei um chá sofisticado e completo, com bolos e sanduíches — não tive tempo para isso naquele dia. Apenas tomamos uma xícara de chá em minha cozinha e desfrutamos uma rica conversa por uma hora. Cecelia ficou encantada com a disposição da mesa, embora para mim parecesse muito simples.

"Não acredito que você fez isto para mim", disse ela. Então partilhou comigo sua história. Programas sociais não conseguiram dar confiança e amor-próprio a Cece, mas o encontro que ela teve com Jesus transformou sua vida. Os anos de desespero e vício em drogas foram substituídos por uma vida de propósito e significado. No entanto, ela tinha dificuldade de conversar comigo sem pedir desculpas e se considerar indigna de estar em minha casa. A vergonha ainda afetava sua autoestima. Expliquei porque havia sentido o desejo de passar tempo com ela. Embora estivesse grata por sua ajuda na Mansão de mentoria com as massagens nos pés na hora de dormir, eu queria descobrir seus outros dons. Sabia que havia mais.

Por causa das coisas que havia feito no passado, Cecelia se convencera de que não era digna de ser a convidada especial de alguém. Naquele dia, porém, eu a elevei e restaurei sua dignidade ao lhe oferecer um lugar de honra à minha mesa. Foi em volta da minha mesa que ela descobriu dons e talentos que estavam armazenados e nunca haviam sido libertados. Cecelia era inteligente, criativa e muito empreendedora. Depois de tomar uma simples xícara de chá numa mesa preparada especialmente para ela, Cecelia se animou a começar a pôr a mesa para seus filhos. Não demorou muito e ela iniciou um pequeno negócio, compartilhando esperança com outras pessoas. O convite para tomar um pouco de chá à minha mesa comunicou meu amor por ela e a ajudou a se tornar gradualmente uma mulher radiante e agradecida.

> Quando uma pessoa se sente indesejada, rejeitada e sem valor, você pode levá-la à sua mesa, e o senso de valor dela será elevado.

Existe algo de muito poderoso relacionado à mesa. Quando uma pessoa se sente indesejada, rejeitada e sem valor, você pode levá-la à sua mesa, e o senso de valor dela será elevado. Seria por isso que Jesus declarou: "Eu lhes digo a verdade: Quem lhes der um copo de água em meu nome, por vocês pertencerem a Cristo, de modo nenhum perderá a sua recompensa" (Mc 9.41)?

Como vimos no capítulo 2, Deus apresenta muitas instruções e ilustrações na Bíblia sobre a importância da experiência da refeição em nosso lar e dentro da família, considerando-a um lugar onde sua presença sobrenatural se encontra conosco. O Antigo Testamento contém um belo exemplo de como a dignidade e a posição de um homem temeroso e rejeitado foram restauradas quando ele recebeu um lugar de honra à mesa do rei.

UM LUGAR À MESA DO REI

Na nação de Israel, cerca de mil anos antes de Cristo, um jovem nasceu na realeza, cheio de privilégios; era filho de Jônatas e neto de Saul, o primeiro rei de Israel. Durante os primeiros anos de sua vida, esse jovem príncipe viveu em paz e, pelo que sabemos, teve uma infância feliz. Entretanto, fora de sua vida idílica em casa, os acontecimentos nacionais tomavam um rumo perigoso. O rei Saul estava perdendo a razão e o reino. Deus lhe disse que havia escolhido Davi para ser o próximo rei de Israel, em vez de seu filho Jônatas. O monarca ficou enfurecido e se propôs a destruir Davi e seu exército de foragidos.

A ira insana de Saul levou a muitas derrotas no campo de batalha, inclusive a uma derrota devastadora para os filisteus, que resultou em sua morte e na de três de seus filhos, inclusive de Jônatas, o pai do príncipe. Quando a ama do menino ficou sabendo da derrota de Saul, pegou o jovem príncipe e fugiu, ciente de que, naquela era brutal, quando um novo regime assumia o poder, a nação conquistadora rastreava e matava todos os descendentes do rei anterior, a fim de impedir que usurpassem o trono. Por ser neto do rei Saul e filho do príncipe Jônatas, o menino corria grande perigo. A ama sabia que precisava agir para poupar a vida dele.

Contudo, em sua pressa bem-intencionada de salvar da morte certa o pequeno que amava, ela o deixou cair acidentalmente, e os pés do garotinho ficaram aleijados para sempre. Sua vida foi poupada, mas nunca mais seria a mesma.

É possível que algumas de vocês estejam familiarizadas com a trágica história do jovem Mefibosete, registrada em 2Samuel 4.4. Contudo, muitos anos depois, o mesmo homem que havia fugido de seu lar da infância com medo e se tornara um aleijado desamparado, vivendo receoso e com vergonha bem longe do palácio, num lugar desolado, recebeu uma oferta de graça muito inesperada, que mudou sua vida.

Com o passar do tempo, Davi derrotou os filisteus e os outros inimigos de Israel, restaurou o trono e expandiu as fronteiras da nação. O Senhor dava vitória a Davi por onde quer que fosse, e ele se tornou o rei mais celebrado da história de Israel.

Em 2Samuel 9, Davi desfrutava um período de paz e talvez tenha sentido um pouco de saudade do amigo Jônatas, lembrando-se da aliança que eles haviam feito muitos anos antes. Voltando-se para Ziba, antigo servo de Saul, perguntou:

"Resta ainda alguém da família de Saul a quem eu possa mostrar a lealdade de Deus?"

Respondeu Ziba: "Ainda há um filho de Jônatas, aleijado dos pés".

"Onde está ele?", perguntou o rei.

Ziba respondeu: "Na casa de Maquir, filho de Amiel, em Lo-Debar".

Então o rei Davi mandou trazê-lo de Lo-Debar.

> Quando Mefibosete, filho de Jônatas e neto de Saul, com-
> pareceu diante de Davi, prostrou-se com o rosto em terra.
> "Mefibosete?", perguntou Davi. Ele respondeu:
> "Sim, sou teu servo".
>
> 2Samuel 9.3-6

Imagine como Mefibosete deve ter se sentido! Ele era aleijado de ambos os pés, fora criado por uma estranha e vivia longe
do palácio, seu lar por direito. É provável que se sentisse rejeitado, triste e solitário. Assim como temera o assassinato brutal
de todos os herdeiros reais por parte dos filisteus, quando ouviu
que o rei Davi o estava procurando, certamente ficou com muito
medo de que o novo rei estivesse rastreando e erradicando os
últimos descendentes de Saul. Aquilo que ele mais temera em
toda sua vida estava se tornando realidade! E qual seria o destino da esposa de Mefibosete e de seu filhinho? Eles também
seriam mortos? Prostrando-se diante do novo rei, ele esperou
seu julgamento iminente.

> "Não tenha medo", disse-lhe Davi, "pois é certo que eu o tra-
> tarei com bondade por causa de minha amizade com Jônatas,
> seu pai. Vou devolver-lhe todas as terras que pertenciam a seu
> avô Saul, e *você comerá sempre à minha mesa.*"
>
> 2Samuel 9.7

Que imagem da graça! Em vez de destruir o neto do antigo
rei, Davi disse a Mefibosete: "Além de receber sua herança, você
também poderá comer à minha mesa!".

Nesta bela passagem, Davi honrou sua aliança com Jônatas,
elevando Mefibosete e dando a ele um lugar à mesa do rei. Davi

acolheu o filho aleijado de seu amigo, um homem que não poderia servir como guerreiro ou servo do rei e que certamente não era considerado digno de se assentar à mesa de um monarca. A este homem Davi disse: "Vou restaurar sua confiança. Venha aqui, filho de meu melhor amigo Jônatas, neto do rei Saul. Vou honrá-lo e cumprir minha aliança com seu pai, dando-lhe um lugar de honra à minha mesa". Davi o restaurou e apagou sua dor de rejeição ao declarar: "Você sempre comerá à minha mesa". Por comer regularmente à mesa do rei, o amor-próprio e a autoestima de Mefibosete foram renovados.

Pessoas com dificuldades ou deficiências físicas costumam ser ignoradas pela sociedade. Ao levar Mefibosete para sua mesa, Davi o fez saber que ele era tão importante quanto todas as outras pessoas. Assim a dignidade de Mefibosete por ser neto do primeiro rei de Israel foi restaurada.

Davi poderia ter lhe dado um quarto no palácio ou uma grande soma de dinheiro. Mas nem todo o dinheiro do mundo seria capaz de desfazer sua vergonha e rejeição. Por isso, Davi atendeu à maior necessidade da vida de Mefibosete — de aceitação e dignidade — dando a ele um lugar de honra à sua mesa.[1]

HOSPITALIDADE FEITA EM CASA

Não importa quão simples ou sofisticada seja sua casa, há algo de especial em oferecer a uma pessoa um lugar à sua mesa. É verdade que você pode encontrar as pessoas num restaurante, mas, quando é convidada a ir à casa delas, não é muito mais íntimo e honroso? Durante os quase cinquenta anos em que Larry e eu temos convidado pessoas para o nosso lar, a fim de partilhar uma refeição conosco, aprendi que a maioria prefere receber um lugar de honra à mesa para uma comida simples feita em casa do que ser levada ao mais fino dos restaurantes.

Em *The Joy of Hospitality* [A alegria da hospitalidade], Vonette Bright lembra como aprendeu essa lição da forma mais difícil:

Quando o dr. Bill Fletcher, um amigo de Oklahoma City, veio a Los Angeles a negócios, ele ligou dizendo que teria uma noite livre. Meu esposo Bill me telefonou de seu escritório para dizer que havia convidado o dr. Fletcher para jantar. Eu disse:

— Ótimo, vamos levá-lo para comer em algum lugar.

Bill ficou em silêncio.

— É segunda — eu logo expliquei. — Lavei roupa o dia inteiro. Estou cansada e não tenho nada para servir a não ser hambúrgueres.

Bill suspirou.

— Tudo bem, vamos levá-lo para comer fora.

Eu havia me esquecido de que a maioria dos melhores restaurantes de Los Angeles fecha às segundas-feiras. Fomos a todos que conhecíamos e, encontrando-os fechados, nos sentimos cada vez mais envergonhados. Acabamos voltando para o hotel do dr. Fletcher e, por insistência dele, fomos seus convidados para o jantar.

Quando a noite acabou, ele nos agradeceu pelo tempo agradável que passamos juntos. Mas nunca me esquecerei de seu comentário bondoso quando nos despedimos:

— Fique sabendo, Vonette, que eu preferiria comer [migalhas de sua mesa] a ir a qualquer restaurante chique da cidade de Los Angeles.

— Da próxima vez que vier à cidade, nós o receberemos em casa para jantar — prometi.

Mas não houve próxima vez. Bill Fletcher morreu poucos meses depois. Desde então, precisei me lembrar muitas vezes de que não importa se minha casa é sofisticada ou simples, se a comida é elaborada ou comum. É a hospitalidade que as pessoas apreciam.[2]

A demonstração de hospitalidade começa em casa. Dar a seus filhos um lugar de honra à mesa é uma maneira poderosa de demonstrar que eles ocupam um lugar privilegiado na família. As refeições em seu lar podem ser muito mais do que um curto intervalo, no qual seus filhos surgem do quarto para pegar salgadinhos na despensa ou aquecer restos de comida. À medida que você começa a compreender que Deus planejou a mesa para ser um lugar de dignidade e santidade em sua casa, será capaz de separar um lugar de honra para seus filhos à mesa, restaurando o amor-próprio deles e dando ao sobrenatural Pão da Presença uma oportunidade para trabalhar no coração deles.

Pense nisto: o que fazemos quando comemoramos um aniversário e queremos fazer nossos filhos se sentirem importantes e especiais? Arrumamos a mesa! Usamos uma toalha chique e às vezes até colocamos um prato especial para as crianças. Quando são pequenas, podemos arrumar a mesa de aniversário com pratos e copos descartáveis do personagem preferido de desenho animado, algo que elas vão apreciar e desfrutar. Nos aniversários, damos a nossos filhos um lugar de honra à mesa como forma de expressar nosso amor e afirmar o valor e a dignidade deles.

> Não importa quão simples ou sofisticada seja sua casa, há algo de especial em oferecer a uma pessoa um lugar à sua mesa.

Trata-se de uma ótima tradição. Mas não precisamos parar nos aniversários! Em vez disso, podemos criar lugares de honra para o cônjuge e os filhos toda vez que nos reunimos para as refeições familiares. Não, isso não quer dizer que você precise arrumar mesas temáticas toda vez.

> Podemos criar lugares de honra para o cônjuge e os filhos toda vez que nos reunimos para as refeições familiares.

Mas pode fazer o melhor com o que tem. Como já mencionei, não reserve sua melhor louça apenas para as visitas; use-as com quem você mais ama e deseja honrar. Mesmo quando estiver servindo uma refeição simples e comum, você pode demonstrar a cada membro de sua família que ele tem um lugar de honra à sua mesa.

A TAÇA ESPECIAL

Minha amiga Harriet compartilhou comigo, pouco tempo atrás, uma forma criativa que sua família usa para honrar uns aos outros à mesa:

> Para celebrar nossos quinze anos de casados, meu esposo Bill e eu passamos um final de semana na ilha Catalina. Nosso tempo juntos foi muito agradável. Aproveitamos vários ótimos restaurantes, vimos lugares bonitos e, é claro, fizemos algumas comprinhas também.
>
> Enquanto estávamos em Catalina, descobrimos que o cristal era o presente designado para quinze anos de casamento. Sentimos o desejo de encontrar algo que se transformasse numa lembrança sentimental para os anos futuros. Enquanto passeávamos por uma loja de *souvenirs* com tema náutico, algo chamou nossa atenção: era uma taça com um barco à vela em

relevo no vidro. Como nossa família é fascinada por velejar, aquela taça de vidro de pouco mais de 2 dólares (obviamente não era de cristal) nos pareceu a descoberta perfeita.

Durante a viagem, Bill e eu compartilhamos um tempo precioso de oração, pedindo a Deus que colocasse uma transparência cristalina em nosso relacionamento com ele e um com o outro. Levamos a taça para casa e encontrei um lugar perfeito para ela em nossa cristaleira junto com peças de beleza e delicadeza extraordinárias que ganhamos de presente de casamento. Eu não sabia o tesouro que aquela taça de vidro passaria a ser.

Vários meses depois, quando nosso filho Wil estava comemorando seu aniversário de 9 anos, tive a ideia de colocar a taça ao lado de seu prato à mesa de jantar. Aquele foi o início de muitas memórias que apreciamos ao longo dos anos em comemorações familiares, usando "a taça especial", nossa forma carinhosa de chamá-la.

Além das celebrações de aniversário, a taça especial aparecia junto ao prato de jantar de nossos filhos quando tiravam uma boa nota numa prova oral, tocavam violino no recital de primavera, faziam um gol no futebol, davam um passe para o gol (algo que sempre consideramos um feito ainda maior) e também quando demonstravam bom espírito esportivo. A aprovação na prova prática da carteira de habilitação trouxe três comemorações e a taça especial. E sim, a mamãe e o papai também foram honrados com a taça especial em diferentes ocasiões.

Quando cada um de nossos filhos ficou noivo, colocamos a taça especial no prato do novo membro da família. Era divertido ouvir os três, Wil, Stephanie e Sarah, contar ao futuro cônjuge parte da história em torno daquela taça especial.

Uma ocasião especial que me vem à mente aconteceu quando Stephanie participava do time de vôlei da escola. Ela estava no último ano do ensino médio e havia muitas meninas para formar o time principal. A técnica perguntou a Stephanie se ela queria participar do time secundário e também do principal, para poder jogar mais. Ela aceitou a proposta com animação, compreendendo que precisaria treinar com os dois times: duas horas no time secundário, seguidas por duas horas no time principal, totalizando quatro horas de sacar, tocar e cortar! Fiquei impressionada com a disposição de Stephanie de seguir aquela agenda rigorosa. Ela amava o esporte e os times. No entanto, depois de alguns jogos, ficou evidente que, mesmo com seu comprometimento nos treinos, ela só entrava em quadra nos últimos minutos dos jogos do time principal.

Meu coração doía por ela. Irritada, eu pensava: "A técnica não enxerga o potencial dela? A habilidade? A entrega ao jogo? Não vê a submissão de Stephanie a sua autoridade?". Não era fácil assistir àqueles jogos.

Num dos últimos jogos da temporada, no torneio final do time principal, a técnica se aproximou de nossa filha durante o aquecimento e lhe pediu que saísse da quadra, explicando que a substituiria por uma jogadora do primeiro ano. Então solicitou a Stephanie que voltasse para o vestiário, trocasse de roupa e entregasse seu uniforme à substituta. A instrução final da técnica foi: "Depois que você se trocar, quero que volte para o ginásio, sente na arquibancada e torça pelo time". Foi uma experiência desmoralizante, para dizer o mínimo.

Bill e eu dificilmente perdíamos um jogo; desta vez, porém, não estávamos na cidade. Minha amiga Nancy estava na arquibancada naquela noite e observou o estranho incidente. Em minha ausência, ela fez o papel da mãe de que Stephanie precisava. Nancy seguiu minha filha ao vestiário e a abraçou enquanto ela chorava. Até hoje sou grata pela sensibilidade e compaixão de Nancy naquele momento.

Mais tarde, quando chegou em casa, Stephanie nos contou sobre o ocorrido. Tentando conter nossa raiva e decepção, choramos e consolamos nossa filha. Não me esqueço da curta oração que fizemos ajoelhados junto a nossa cama, pedindo ao Senhor que nos ajudasse, dando-nos paz e conforto. Depois daquele momento de oração, fiquei imaginando se Stephanie sairia do time. Afinal, a temporada já estava quase acabando. Bill perguntou o que ela queria fazer. Stephanie respondeu de imediato: "Bem, sair é que eu não vou, disso eu tenho certeza!".

Na noite seguinte, a taça especial estava ao lado do prato de Stephanie. Era um símbolo que celebrava sua persistência, lealdade ao time e perseverança. Não mencionamos nem chamamos atenção para a taça. As palavras não eram necessárias, pois seu sorriso de apreciação dizia tudo.

Alguns dias depois, o time principal, que testemunhara a falta de discrição da técnica durante o jogo, juntou dinheiro e deu à Stephanie uma bola de vôlei e um cartão que todas assinaram, celebrando nossa filha e a elegendo a melhor jogadora da temporada. E ela foi mesmo!

A taça especial não é especial por ter sido cara, uma herança de família ou o presente de um amigo. É especial porque, em nossa família, tornou-se uma maneira simples de celebrar e honrar os tesouros que se assentam em volta de nossa mesa.

Tradições: mantenha as lembranças vivas

Nunca é tarde demais para começar uma nova tradição familiar, como a taça especial que Harriet usa em família. Às vezes, dependendo da tradição, ela pode lhe custar tempo e dinheiro. Todavia, no longo prazo, começar novas tradições se mostrará algo válido na conservação do vínculo familiar.

Na Mansão de mentoria, oito mulheres passam quatro dias comigo a cada mês, para aprender sobre administração do lar e habilidades vitais nos relacionamentos. Uma de minhas convidadas recentes pertencia a uma aristocrática família britânica. Enquanto fazíamos uma refeição, ela compartilhou conosco a tradição britânica do porta-guardanapos.

Sempre que nasce uma criança numa família da Grã-Bretanha, grava-se o monograma do bebê num porta-guardanapos de prata em forma de anel, que a criança recebe de presente da mãe e do pai. Quando ela tem idade suficiente para se assentar à mesa, esse porta-guardanapos é usado para envolver seu guardanapo em todas as refeições. Serve como um marcador de assento e também identifica o guardanapo, já que ele não é necessariamente lavado após cada refeição. Quando a pessoa se casa, a noiva leva seu porta-guardanapos e o noivo também. Quando eles têm filhos, a tradição se repete. Com a morte de um membro da família, o porta-guardanapos é presenteado a um dos familiares. A tradição de presentear o porta-guardanapos leva lembranças familiares da experiência da mesa de uma geração para a outra.

Minha hóspede se emocionou com as memórias da mesa de sua família ao me ouvir falar sobre o princípio da mesa. Ela havia se rebelado contra a rigidez do estilo de vida aristocrático de sua família e escolhera viver de maneira muito diferente. Foi assentada à mesa da Mansão de mentoria que seu coração amoleceu. Ela percebeu que havia recebido um presente, não só um porta-guardanapos de muitas gerações desde o século 18, mas também o presente das lembranças da mesa que aqueles porta-guardanapos representavam. A rebeldia que havia em seu coração se transformou em apreço. Ela ficou empolgada em voltar para casa a fim de arrumar a mesa de novo e usar seu porta-guardanapos.

Desde que ouvi essa história, senti vontade de colocar a tradição em prática na minha família. Custará dinheiro investir em porta-guardanapos de prata com monograma para todos

Tradições culturais à mesa usando refeições caseiras

- Prepare uma massa caseira e convide os membros da família e quem mais estiver à mesa para ajudarem a montar *pizzas* de sabores diferentes. Discutam sobre a influência da cultura italiana em seu país.

- Sirva comida asiática e prepare uma mesa baixa em sua sala. Sentem-se em almofadas e comam usando *hashis*. Leiam e discutam o provérbio chinês que acompanha o biscoito da sorte.

- Faça uma *fiesta* mexicana. Decore a mesa com objetos de cores vibrantes, faça bigodes de papel para os homens e flores de papel para o cabelo das mulheres. Conversem em espanhol se souberem.

Aprender as tradições de outros povos e inventar as próprias cria lembranças eternas para sua família.

os membros da família, mas, depois disso, cada pessoa terá o próprio porta-guardanapos especial para usar e se lembrará dos momentos que desfrutamos juntos à mesa.

UM LUGAR DE HONRA SOLITÁRIO

Reconheço que algumas leitoras deste livro não têm uma família em volta da mesa de jantar. Suas circunstâncias as levam a comer sozinhas todas as noites. Se você mora só ou fica sozinha em casa na maioria das noites, eu a incentivo a separar um lugar de honra solitário em sua mesa para você. Por favor, não coma de pé junto ao balcão da cozinha, nem faça sua refeição em frente à TV. Em vez disso, arrume um lugar à mesa e experimente o sobrenatural Pão da Presença, que se encontra com você ali.

> Arrume um lugar à mesa e experimente o sobrenatural Pão da Presença, que se encontra com você ali.

Mamãe Titus — essa é a forma carinhosa que uso para me referir a minha sogra — era uma mulher muito elegante, cheia de vontade própria e determinada, mas, ao mesmo tempo, terna e bondosa. Seu senso de humor mordaz nos fazia dar muitas risadas. Mamãe era muito hospitaleira em seus anos de dona de casa, sempre convidando famílias da igreja para jantar em sua casa. Ela amava estudar a Palavra e era professora da escola dominical, em geral numa classe para recém-casados. Suas aulas dinâmicas criaram uma reputação para ela na comunidade, e mamãe Titus começou a aceitar convites para falar em eventos de outras igrejas em cidades vizinhas.

Meu esposo Larry é o filho caçula. Uma de suas lembranças da mãe é vê-la à mesa depois do desjejum pela maior parte da manhã. Era ali que ela estudava a Bíblia.

Quando Larry foi para a faculdade, mamãe e papai Titus começaram a viajar de igreja em igreja e de estado em estado para levar vida à religião morta e à teologia enfadonha. Alguns anos depois, o pai morreu enquanto dormia. Foi uma surpresa para todos nós, mas, em especial, para minha sogra.

Por serem evangelistas itinerantes, os hotéis foram o lar de mamãe e papai Titus por vários anos. Sem o esposo, ela precisou alugar um apartamento perto de onde morávamos. Aquela mulher de fé sólida e personalidade independente começou a ter dificuldades para se ajustar à vida sozinha. Seu estilo de vida foi interrompido de maneira drástica e ela não conseguia encontrar seu rumo.

Mais de um ano se passou e mamãe Titus ainda parecia estar em luto. Ela me confidenciou que simplesmente não conseguia se sentar à mesa para comer sozinha. A cadeira vazia era um lembrete duro demais da ausência de seu amado esposo. Por isso, ela fazia um sanduíche e comia em frente à televisão na sala ou na poltrona reclinável em seu quarto.

Incentivei mamãe Titus a comprar flores naturais, acender uma vela e arrumar um lugar bonito para ela à mesa. "Você merece", eu disse. Ela seguiu meu conselho e começou a arrumar um lugar solitário à mesa. Várias semanas se passaram e mamãe me disse que começara a aguardar com expectativa o momento de se assentar à mesa. Ela me explicou que, muitas vezes, havia recebido inspiração e *insight* do estudo da Bíblia naquele lugar. Ao se referir aos momentos que passava com a presença sobrenatural de Jesus à mesa, começou a brincar com os outros, dizendo que jantava regularmente com "seu rico marido judeu". Ela se tornou uma nova mulher — uma mulher com uma missão outra vez.

Excelentes conversas à mesa

PALAVRAS QUE HONRAM

- Elogie a pessoa que se assentar no lugar de honra.

- Peça a seu ilustre convidado que conte algo especial sobre uma experiência pessoal do passado.

- Diga a sua visita de honra por que ela é tão importante para você.

- Conte uma história sobre si mesma.

PREPARE UM LUGAR DE HONRA EM SUA MESA

Quem precisa ser convidado a um lugar de honra em sua esfera de influência? Seria uma criança ou um adolescente que não tem uma família amorosa para celebrar sua presença? (Observe que eu não disse celebrar *seu dia especial*, mas, sim, celebrar *sua presença*.) Ou seria uma vizinha que perdeu o emprego? Talvez seja uma amiga que esteja passando por um divórcio difícil e indesejado, ou, quem sabe, uma colega recém-aposentada. A lista pode prosseguir indefinidamente. É possível que você tenha um relacionamento tenso com um filho ou uma filha, parente ou amigo. A despeito das circunstâncias, dar um lugar de honra a alguém em sua mesa é algo capaz de demonstrar mais afeto e respeito do que mil palavras.

Incentivo você a preparar um lugar de honra em sua mesa, primeiro para cada membro de sua família e depois para outros, cuja dignidade e cujo senso de valor pessoal serão aumentados por causa de seu convite para participar de sua mesa. Fazer isso tem sido a alegria de nossa vida e será um prazer para você também.

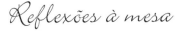

Reflexões à mesa

1. Quem em sua vida precisa ser convidado para um lugar de honra em sua casa?

2. Como você acha que Mefibosete se sentiu quando Davi declarou: "Você comerá sempre à minha mesa" (2Sm 9.7)?

3. O que você pode acrescentar à disposição de sua mesa para fazer sua família se sentir valorizada?

4. Como você pode honrar cada membro de sua família à mesa? Liste os passos que você deseja dar.

5. Que declarações de honra você pode dizer a sua família e a seus convidados enquanto estiverem à mesa?

PARTE 2

A mesa é um lugar de provisão

O pão nosso de cada dia

Dá-nos hoje o nosso pão de cada dia.
Mateus 6.11

Faltam dedos em minhas mãos para contar quantas vezes me propus, no ano novo, a entrar de dieta. É tão fácil ganhar alguns quilinhos e tão difícil perdê-los! Com a determinação de romper com o hábito de comer as coisas erradas do jeito errado, sempre começo com um jejum. Não como nada durante 24 horas, só bebo água. Por que faço isso? Porque quero que minha mente diga ao corpo quem está no controle. Em essência, digo a meu corpo físico: "Você não vai ditar aquilo que farei. Eu estou no comando".

Sim, fico com dor de cabeça quando jejuo, porque adoro tomar café pela manhã. No final do dia, a vontade de comer grita em minha direção. Meu corpo diz: "Eu sei o que quero e quero agora!". É o que chamamos de dores de fome. Quanto mais tempo ficamos sem nos alimentar, mais nos convencemos de que fomos criados para comer! Por que nosso corpo reage assim? Por que Deus o criou para necessitar de comida — e não só da comida em si, mas também dos outros elementos de nutrição que o Senhor estabeleceu para acompanhar os alimentos, como a comunidade, a segurança e a identidade.

Quando os discípulos de Jesus observaram o Mestre orando, sentiram vontade de seguir seu exemplo. Na oração que Jesus ensinou a seus discípulos, hoje conhecida como o Pai Nosso, ele incluiu esta frase: "Dá-nos hoje o nosso pão de cada dia" (Mt 6.11). Era uma oração por provisão diária de alimento. Por quê? Porque o alimento diário é essencial para a boa saúde.

Você já pensou no fato de que Deus criou nosso corpo para precisar de alimento todos os dias? Ele poderia nos ter feito para necessitar de comida uma vez por mês ou por ano. Sabendo, porém, que a reunião à mesa inclui muito mais do que a nutrição física, ele planejou nosso corpo para que precisássemos comer todos os dias de nossa vida. E não só uma, mas, sim, *três vezes por dia*! Três vezes por dia, Deus provê alimento para nutrir nosso corpo. E três vezes por dia, temos a oportunidade de expressar gratidão por seu cuidado por nós.

O INGREDIENTE PRINCIPAL: BOM SENSO

Não abordo este capítulo com a postura de uma especialista em nutrição. Mas quero, sim, falar com você de forma prática, como uma "mãe", sobre como usar o bom senso ao preparar refeições para sua família. Pense sobre isto por um instante. A pessoa responsável pelo preparo das refeições familiares faz uma contribuição significativa para o bem-estar físico geral da família. Não dá para alimentar sua família com alimentos prejudiciais, comida processada e cheia de açúcar e esperar que todos sejam saudáveis!

> A pessoa responsável pelo preparo das refeições familiares faz uma contribuição significativa para o bem-estar físico geral da família.

Sei que, ao ler essas palavras, algumas de vocês podem estar pensando: "Não tenho tempo para preparar refeições saudáveis!". O preparo de uma comida saudável não precisa ser difícil nem caro. Neste capítulo, apresento uma abordagem simples para o preparo de refeições saudáveis com a esperança de facilitar as coisas para você. A experiência da mesa não se limita àquilo que comemos, mas também inclui nossa saúde emocional, espiritual e física.

Mães e pais, parem e pensem sobre isto: quando o bebê nasce, vocês sabem por instinto que a saúde e o crescimento dele dependem da nutrição que vem do leite. A mãe alimenta o bebê com leite materno ou artificial, feito para ser muito semelhante ao leite do peito. Nós, pais, compreendemos que todos os órgãos vitais do bebê dependem dessa nutrição. Alguns meses depois, adicionamos cereais como o de arroz e de aveia à alimentação do nenê. Então, aos poucos, acrescentamos frutas e legumes. Tais alimentos são essenciais para a saúde da mente e do corpo.

Por que, então, quando as crianças estão maiores, paramos de oferecer cereais integrais, frutas, verduras e legumes verdes e amarelos para elas? Parece que tão logo nossos filhos conseguem se alimentar sozinhos, deixamos de servir espinafre e abobrinha, aveia e leite, como se eles não precisassem mais dessas comidas nutritivas. Em vez disso, começamos a dar *pizza*, cachorro-quente e batata frita. Nenhum desses alimentos faz mal sozinho, é claro, mas se desejamos manter um corpo saudável, devemos comer esse tipo de coisa com moderação, em acréscimo

> Com um pouco de criatividade e muito bom senso, você pode começar hoje a criar refeições que melhorem o crescimento e a saúde de sua família.

a uma dieta rica em frutas, verduras, legumes, cereais e proteínas necessárias para o crescimento adequado e a saúde dos órgãos vitais em desenvolvimento.

Com um pouco de criatividade e muito bom senso, você pode começar hoje a criar refeições que melhorem o crescimento e a saúde de sua família.

A BOA NUTRIÇÃO COMEÇA À MESA

Antes de compartilhar algumas ideias específicas de como preparar refeições nutritivas, permita-me enfatizar, mais uma vez, que a saúde da família começa à mesa. É impossível monitorar as porções ou o valor nutritivo daquilo que sua família ingere se todos vão até a despensa várias vezes por dia e comem o que conseguem encontrar. A epidemia da expansão da silhueta que vemos hoje é resultado parcial da disponibilidade constante de comida! Não dá para supervisionar a alimentação saudável de um adolescente que tem o hábito de comprar comida pelo *drive-through* a caminho de casa, ao voltar do treino de futebol ou das aulas de música. A melhor maneira de incentivar e supervisionar padrões de alimentação saudável em sua casa é reunir a família para comer ao redor da mesa com regularidade.

> A melhor maneira de incentivar e supervisionar padrões de alimentação saudável em sua casa é reunir a família para comer ao redor da mesa com regularidade.

Se você é como muitas pessoas, é provável que a mesa de sua cozinha esteja escondida debaixo de todo tipo de tralha: contas, dever de casa, correspondência inútil, roupa lavada e sabe-se lá o que mais! Isso não significa que você não pode usar sua mesa de jantar para esses propósitos. Afinal, é um ótimo espaço para fazer álbuns de recortes e outros projetos. Mas quando chegar a hora da refeição, não use a mesa bagunçada como desculpa para levar a comida para outro cômodo e comer no sofá. Em vez disso, separe cinco minutos e arrume a mesa! Ache um lugar para os itens aleatórios, nem que seja colocando-os numa caixa debaixo da mesa. Dessa forma, quando a mesa de jantar servir de laboratório para um projeto de ciências ou de escritório durante o dia, você ainda poderá separá-la à noite para a família se reunir, comer e conversar na hora da refeição.

Os nutricionistas instruem que não devemos comer pela casa inteira. Acima de tudo, não devemos comer em frente à televisão! Em 1988, pesquisadores do Children's Nutrition Research Center [Centro de Pesquisas de Nutrição Infantil] em Houston descobriram que as crianças acima do peso jantavam 50% das vezes em frente à televisão, ao passo que, para as crianças de peso normal, a porcentagem era de 35%. Karen Cullen, nutricionista comportamental e professora assistente de pediatria, afirma:

> Sabemos que há uma relação entre o número de horas que as crianças passam assistindo à televisão e os problemas de peso. Também sabemos que as pessoas que assistem à televisão enquanto comem tendem a perder a sintonia com os indícios naturais de fome e saciedade e são encorajadas a comer em excesso.[1]

Além disso, a exposição às mensagens da TV contribui para a má nutrição. Cullen destaca: "Os alimentos que mais aparecem em propagandas tendem a ter baixo valor nutritivo".[2] Pense nisto: qual foi a última vez que você viu um comercial sobre brócolis ou salada de folhas? Quando comemos em frente à televisão, nossa mente se enche de visões apetitosas de comidas gordurosas e processadas. Enquanto nossa atenção se concentra nessas mensagens, continuamos a comer o saco de salgadinhos, sem prestar atenção à quantidade. Isso é muito diferente de servir uma quantidade proporcional de alimento num prato à mesa e comê-lo junto com outras pessoas, que ficam de frente umas para as outras, interagindo.

Outro motivo para fazer as refeições familiares à mesa é que, quando a alimentação consiste numa atividade social, que acontece em momentos pré-definidos, num ambiente específico, temos a tendência de comer porções apropriadas, reduzindo o risco de distúrbios alimentares e obesidade. Como Weinstein ressalta:

> Quando recebemos uma porção razoável junto com todos da família, aprendemos o que é uma quantidade moderada de comida. Se conversamos enquanto comemos, é menos provável nos alimentarmos rápido demais e em excesso.[3]

Quando os pais são exemplos do hábito de comer alimentos nutritivos em quantidades adequadas como uma parte normal da vida cotidiana, os filhos têm menos chances de desenvolver uma relação inapropriada com a comida ou de eliminar grupos alimentares inteiros como forma de controle de peso, o que pode levar a disfunções alimentares. As crianças aprendem com aquilo que fazemos. Portanto, se pulamos refeições, estamos sempre de dieta, beliscamos em frente à televisão ou passamos fome o dia inteiro para nos entupir de comida à noite, serão esses tipos de hábitos alimentares que nossos filhos tenderão a adotar.

Quando separamos tempo todos os dias para fazer uma refeição completa e nutritiva, adquirimos um estilo de vida mais saudável. Marjorie Garber escreveu:

> É possível que, para as pessoas ocupadas, o espaço esteja cada vez mais substituindo o tempo, e a casa se torna a vida não vivida. Numa era em que o "capacho de boas-vindas" e a "secretária eletrônica" muitas vezes entram no lugar do cumprimento

pessoal e da voz humana, a casa — com a sala "de estar", a sala "de jantar", o espaço "da família" e a sala "de TV" — acaba se transformando no lugar em que encenamos a vida que gostaríamos de ter tempo para viver.[4]

Nós temos espaço demais e tempo de menos — pelo menos para fazer o que é mais importante. Estamos famintos, não de comida, mas, sim, de vínculo, de sentido, de diálogo e do Pão da Presença. É por isso que a reunião para a experiência do jantar ao redor da mesa familiar é algo tão essencial.

> Estamos famintos, não de comida, mas, sim, de vínculo, de sentido, de diálogo e do Pão da Presença.

TORNE DIVERTIDA A COMIDA SAUDÁVEL

O retorno à mesa pode tornar divertida a comida saudável. Minha dica é que você arrume a mesa com cores, pratos e copos divertidos. Canudos e guardanapos de papel coloridos são ótimos para famílias jovens. Toalhas e jogos americanos bonitos também tornam a mesa atraente. E o mais importante: envolva as crianças no preparo da refeição. O tempo na cozinha cria lembranças familiares inesquecíveis. Se você tem filhos pequenos, deixe-os brincar com itens seguros e coloridos da cozinha, como espátulas ou vasilhas de plástico, enquanto você prepara a refeição. Isso os envolverá, desde novos, no processo de preparo da refeição. Quando seus filhos estiverem em idade escolar, você pode lhes atribuir tarefas simples, como cortar a alface da salada e tirar os talheres da gaveta. Envolva o maior número possível de membros da família no processo de preparo de uma boa refeição. Parte da diversão do jantar consiste em trabalhar juntos na cozinha para preparar tudo. Crianças pequenas amam ajudar. Sempre há algo a fazer. E os filhos mais velhos também devem ser incluídos no preparo da refeição.

Nossa filha Trina gostava de me ajudar na cozinha. Em geral, sua tarefa era fazer a salada e colocar a mesa. Até hoje, ela arruma mesas belas, divertidas e criativas para a família de quatro filhos, seus cônjuges e os primeiros netos. O diálogo é tão cheio de vida quanto a decoração da mesa. Afinal, a comunicação deve ser o principal ingrediente do jantar!

Excelentes conversas à mesa

DIÁLOGO: O PRINCIPAL INGREDIENTE DO JANTAR

- Invente jogos de palavras. Comece uma frase e peça que alguém crie uma história, acrescentando outra frase. Isso estimula o pensamento e o riso se espalha.

- Fale sobre um alimento específico. Como ele é cultivado? Onde? Quais são seus nutrientes?

- Converse sobre o dia. Você pode fazer duas perguntas: Qual foi a melhor coisa que aconteceu hoje? Qual foi a experiência mais frustrante do dia?

- Incentive as crianças a expressarem seu ponto de vista, perguntando: "O que você acha disso?".

- Cante à mesa. A oração pode ser cantada ou a família pode terminar a refeição cantando em conjunto.

QUANTO MAIS FRESCO, MELHOR!

Fui criada na região de Salinas Valley, Califórnia. Alguns a chamam de bacia de alface da Califórnia. O solo escuro e rico abrigava a maioria de nossas verduras, legumes e algumas frutas: vários tipos de alface, tomate, brócolis, couve-flor, morango, alcachofra, aspargo e muito mais. Quando criança, eu adorava identificar as diferentes plantações em crescimento. Às vezes, brincávamos nos campos, ficando sujos e cheios de lama nas valas de irrigação. Comíamos alface americana recém-colhida, direto do campo. Não existe sabor igual ao de uma cabeça de alface americana fresca! Batíamos o centro da cabeça de alface no joelho para amolecê-la. Quando tirávamos a parte de baixo, enfiávamos o polegar bem no centro. Girando o pulso, abríamos a cabeça de alface crocante e comíamos como se fosse uma maçã. Isso sim é comida de verdade!

Entendo que a maioria das crianças não mora em meio a campos de alface como eu morei. Só estou ilustrando como a comida fresca, em sua forma mais simples, pode ter um ótimo gosto. Tenho a convicção de que, se começarmos a dar comida de verdade para nossas crianças — alimentos frescos, frutas, verduras e legumes — elas aprenderão a amar os sabores naturais.

> Tenho a convicção de que, se começarmos a dar comida de verdade para nossas crianças — alimentos frescos, frutas, verduras e legumes — elas aprenderão a amar os sabores naturais.

A propósito, se você tem filhos que ainda não aprenderam a gostar de frutas e verduras, por favor, não use isso como desculpa para se tornar uma cozinheira sob encomenda e fazer uma refeição separada para cada membro da família, seguindo as preferências individuais. As refeições devem ser feitas de acordo com seu valor nutricional e a preferência dos pais, e as crianças aprenderão a apreciar os alimentos saudáveis para seu corpo em crescimento. Se você tem um filho enjoado para comer, não desanime! As pesquisas revelam que podem ser necessárias diversas exposições a determinado alimento antes que as papilas gustativas de um indivíduo se adaptem a seu gosto. E fique tranquila, pois gosto é algo que se adquire. Afinal, quem tomaria café ou comeria pimenta com base na primeira reação das papilas gustativas? Alguns estudos sugerem que é necessário provar um novo alimento dez vezes ou mais para que a pessoa aprenda a gostar dele.[5] Portanto, se seus filhos demonstrarem relutância em experimentar novos alimentos, não deixe que isso a impeça de servir os alimentos nutritivos de que o corpo deles necessita. Continue a colocar a comida no prato e, depois de um tempo, seus filhos aprenderão a gostar dela.

Minha mãe trabalhava fora, mas sempre colocou comida caseira à mesa. Não eram necessariamente pratos elaborados; a maioria de nossas refeições era muito simples, mas, ainda assim, deliciosa. Você pode chamar de comida comum ou comida de verdade — legumes cozidos no vapor, bife ou carne cozida, arroz e batatas, tanto inglesas quanto doces. Nossa mesa era arrumada com toalhas e pratos sem sofisticação, mas coloridos e combinando entre si. Mamãe costumava fazer mais de uma verdura e podíamos escolher. Forçar-nos a comer determinada quantidade nunca foi alvo de sua preocupação. Ela não queria desperdiçar comida servindo-nos em excesso. Preferia que comêssemos tudo aquilo que pegássemos. Mas não tínhamos a permissão de fazer lanchinhos antes do jantar.

Em meu lar, depois que terminávamos de comer, Trina, Aaron, Larry e eu ajudávamos a lavar a louça. Numa visita recente à casa de nosso filho, percebi Aaron tirando a mesa naturalmente e ajudando a arrumar a cozinha, assim como seu pai fazia enquanto ele era criança e continua a fazer hoje. Não é raro, depois de eu preparar e servir uma refeição, Larry dizer: "Eu lavo a louça". Em geral, acabamos fazendo isso juntos, porque gosto de ficar na cozinha com ele. É um momento para conversarmos e desfrutarmos a presença um do outro.

Quando nossos filhos eram pequenos, ficar na cozinha juntos se transformava, muitas vezes, num momento divertido, de brincadeiras. As lembranças familiares de arrumar a cozinha incluem bater de leve no outro com o pano de prato úmido, correr em volta da mesa e outras brincadeiras inocentes. Quando eu era criança, minha mãe sempre inventava jogos para meu irmão e eu. Por exemplo, quando lavávamos a louça, era uma corrida para ver quem terminava primeiro. A pessoa que estava secando podia parar se o escorredor ficasse vazio. Quem secava a louça também tirava a mesa. Se quem estava lavando terminasse, podia ir embora enquanto o outro teria de ficar e terminar de limpar a cozinha. Essa brincadeira sempre fazia Noel e eu trabalharmos rápido.

FÁCIL DE PREPARAR

Somos abençoadas por tantos produtos e serviços disponíveis hoje para nos ajudar a preparar refeições saudáveis com mais rapidez. Por exemplo, muitos dos supermercados oferecem frutas e verduras pré-cortadas, junto com saladas coloridas já prontas e empacotadas. A seção de congelados tem cebolas de verdade já cortadas e prontas para serem tiradas do saco estilo *ziplock*. Não é preciso se debulhar mais em lágrimas fatiando cebolas na cozinha! Tais opções facilitam bastante o preparo de refeições saudáveis.

Muitas mães que trabalham fora ou que são ocupadas por outros motivos desfrutam a conveniência de cozinhas do tipo linha de montagem. Esse tipo de empreendimento comercial conta com receitas que você pode escolher, com ingredientes frescos já picados, ralados ou desfiados, prontos para você simplesmente medir e montar a refeição. As refeições podem ser congeladas e servidas depois. Com poucas horas numa dessas cozinhas, você pode fazer pratos suficientes para uma semana inteira em sua família. Essa é uma alternativa.

Outra opção é duplicar ou até mesmo triplicar a receita cada vez que você fizer um prato. Talvez demore alguns minutos a mais de início, mas a fará economizar bastante tempo depois. Você pode dividir as porções extras em recipientes separados, como sacos *ziplock* ou bandejas descartáveis de alumínio, disponíveis em muitos supermercados. Coloque um rótulo com o nome do prato e a data e armazene no congelador para reaquecer e jantar num dia ocupado. Sopa, *chili* e espaguete com almôndegas congelam muito bem em vidros. A lasanha fica ótima em sacos *ziplock* — só acrescente um pouco de molho quando for reaquecer.

Cozinhar x 2 = outra refeição

Faça um quilo inteiro de hambúrgueres ou cozinhe dois peitos de frango, em vez de um só.

Metade fica para hoje e a outra para amanhã.

Certa mãe que conheço separa o primeiro sábado do mês para fazer várias refeições de uma vez e congelá-las. Por exemplo, ela cozinha dois quilos e meio de carne moída, divide a carne pronta em várias receitas — pimentões recheados, carne temperada para *tacos* e assim por diante — e coloca as refeições no congelador. No mês seguinte, ela assa ou grelha vários peitos de frango de uma vez e os divide em ensopados e pratos principais. Ao separar um dia do mês para fazer várias receitas, ela consegue servir refeições caseiras e nutritivas para a família, mesmo em noites atarefadas durante a semana, simplesmente acrescentando verduras e pão como acompanhamentos.

Outra opção é preparar comida simples com ingredientes frescos como minha mãe fazia. Segui a tradição dela. Nada me entedia mais do que tentar preparar uma receita que leva 25 ingredientes. Dê-me alimentos de verdade, ervas frescas, creme de leite e manteiga e pode ter certeza que vou lhe preparar uma refeição deliciosa.

Concordo com Michael Pollan, autor de *Em defesa da comida*, que resume o que devemos comer em sete palavras simples: "Coma comida. Não em excesso. Principalmente vegetais".[6] Amo a premissa desse livro. Embora seu estilo de escrita seja um tanto quanto científico, ele define de maneira inteligente uma verdade clara:

> A maior parte do que consumimos hoje não é mais, em sentido estrito, comida, e a maneira como consumimos essas coisas — no carro, em frente à televisão e, cada vez mais, sozinhos — não é realmente comer.[7]

O autor afirma que consumimos "substâncias comestíveis com aparência de comida".[8] Podemos até fechar a cara para a expressão, mas enchemos nossa despensa com alimentos empacotados e processados, cujos ingredientes nem conseguimos pronunciar. Talvez você se pergunte: "Como conseguirei

preparar refeições sem esses auxílios rápidos?". Tenho boas notícias para você: não é preciso abandoná-los. Apenas se lembre
de usar o máximo possível de ingredientes frescos. Por exemplo, quando for comprar carne moída para seu prato rápido,
escolha carne bovina magra de qualidade e sirva com verduras
e legumes frescos. Compre manteiga de verdade, não imita-
ção. Quando preparar *macaroni and cheese* de caixinha,[9] acrescente queijo de verdade ao pó sabor queijo para aumentar o
valor nutritivo.

No mundo atual, repleto de nutricionistas e regras da FDA,[10]
tudo isso aliado ao consumismo, a comida de verdade quase
caiu no ostracismo. Em nosso estilo de vida apressado, comemos cada vez menos alimentos frescos, principalmente se *fast-
-food* comprada em *drive-through* se tornou um hábito em sua
família. Deixe-me esclarecer que não sou nenhuma extremista
favorável apenas a orgânicos, que planta batatas no quintal e
cria as próprias galinhas. No entanto, amo comida de verdade,
comida boa, preparada de forma simples com ervas e temperos.
E acho que é a maneira mais fácil de cozinhar.

Na minha opinião, o jeito mais rápido de comprar comida é
passar pelos corredores periféricos do supermercado. Você entra
e sai gastando a metade do tempo. É nesses corredores que você
encontra os bons alimentos: frutas, verduras, legumes, queijos,
pães, laticínios, massa fresca e assim por diante. Você também
pode passar pelo setor de congelados, pois são fáceis e simples
de preparar; além disso, muitos deles preservam mais vitaminas
do que os enlatados, em especial os legumes. Embora você possa
congelar os próprios alimentos, economiza tempo ter algumas
coisas congeladas à mão. Considere os lanches menos saudáveis um item especial, não um substituto regular das refeições.

Quando comprar pães, escolha os integrais. Acho que meus filhos nem sabiam que o pão podia ser branco!

AVALIE SEU PRATO

Mesmo que você não goste de cozinhar ou tenha pouca experiência em preparar refeições saudáveis, se seguir algumas dicas simples, poderá preparar a mesa e servir uma boa comida. Para começar, avalie seu prato. Veja se você tem algo de cada um dos cinco grupos alimentares em sua refeição. Vamos relembrar quais são os cinco grupos alimentares básicos e por que eles são essenciais para a boa nutrição:

- Cereais/grãos: fornecem energia.
- Verduras e legumes: melhoram a visão.
- Frutas: curam cortes.
- Carnes (proteínas): constroem músculos fortes.
- Laticínios: fortalecem ossos e dentes.

Uma maneira fácil de planejar seu prato é escolher cores complementares de comida em seu prato. Por exemplo, seu cardápio pode ser mais ou menos assim:

Grupo alimentar	Comida	Cor
Carne	Peito de frango refogado com limão e pimenta-do-reino	Branco
Legume	Batata doce assada	Laranja

Verdura e laticínio	Brócolis cozido no vapor com queijo derretido	Verde e amarelo
Fruta	Salada Waldorf	Branco e vermelho
Cereal	Pão francês integral	Marrom

Uma refeição como esta fica pronta em menos de trinta minutos e fornece um prato colorido e nutritivo para sua família. Sempre que possível, evite servir peito de frango com couve-flor, arroz, salada de maçã, pão francês e leite. Esse cardápio tem todos os cinco grupos alimentares, mas falta cor. Tudo é num tom de branco. Ninguém achará empolgante comer uma refeição assim.

Lembre-se, cozinhar é uma arte e assar, uma ciência. Como na arte, ao cozinhar você tem liberdade para criar e fazer adaptações. Ao assar, é preciso seguir a receita. Talvez seja por isso que eu prefira cozinhar — amo fazer do meu jeito!

Dica rápida

Evite usar receitas com muitos ingredientes. Reserve-as para os finais de semana, quando você terá tempo para tentar algo novo.

COMECE BEM O DIA

O pão nosso de cada dia começa com pensamentos positivos. A ciência nos revela que a saúde física de uma pessoa é afetada por sua saúde emocional. Trabalhar juntos na cozinha é um momento de elogios e incentivos, uma hora para celebrar as conquistas e rir dos erros. Acidentes acontecem, portanto, mantenha uma caixa de Band-Aids à mão!

O dr. Daniel G. Amen explica: "Toda vez que você tem um pensamento positivo, feliz, esperançoso ou de bondade, o cérebro libera componentes químicos que fazem seu corpo se sentir bem".[11] Os pensamentos têm poder. Eles podem fazer sua mente e seu corpo se sentirem bem ou levá-la a se sentir mal. Todas as células de seu corpo são afetadas por seus pensamentos.

Ao acordar, pense em coisas positivas a respeito do dia. Quando for acordar seus filhos, fale palavras bondosas a eles. Toque-os com delicadeza e diga algo de bom acerca deles. Ninguém gosta de acordar com uma voz alta gritando: "Levante agora!". As palavras edificantes ditas com voz mansa a cada membro da família pela manhã prepara a todos para tomar um bom café antes de sair para a escola, deixando-os prontos para enfrentar qualquer desafio. O princípio também se aplica a você e a seu cônjuge: uma resposta suave, uma voz positiva e um café da manhã saudável podem fazer uma grande diferença em seu dia.

Sabe-se que o desjejum é a refeição mais importante do dia. Alguns especialistas o chamam de comida para o cérebro, isso se incluir proteínas. Uma barrinha de cereal não é suficiente para começar o dia com a melhor nutrição; ela contém açúcar e aditivos em excesso.

Os pesquisadores também descobriram que, quando tomamos um café da manhã rico em carboidratos naturais, como cereais integrais, junto com proteína magra, como ovos, isso pode nos ajudar a manter o desempenho mental ao longo da manhã, de acordo com o dr. Phil McGraw no livro *A família em primeiro lugar*. Numa tabela que ele chama de

"Comidas do cérebro para energia cerebral", o dr. Phil lista diversos alimentos, seu benefício e sua função no cérebro:

Cítricos: alimentos como laranja e *grapefruit* são ricos em vitamina C, que melhora a memória e o desempenho.

Ovos: os ovos são ricos numa vitamina que aperfeiçoa a memória, chamada colina.

Peixe: os peixes contêm gorduras importantes para a constituição cerebral.

Frutas, verduras e legumes verdes, alaranjados, amarelos e roxos: esses alimentos são ricos em antioxidantes capazes de proteger os neurônios de danos, bem como em potássio, que ajuda a prevenir a fadiga cerebral.

Carnes magras (boi e frango): esses alimentos contêm alto teor de ferro; deficiência de ferro prejudica a aprendizagem e a memória.

Cereais integrais e fortificados com ferro: esses alimentos são excelentes fontes de carboidratos, necessários para um desempenho mental aguçado.[12]

Acrescente atividade física e pensamentos positivos a todos esses bons alimentos e você estará no caminho certo para ter uma família saudável.

MÃES QUE TRABALHAM FORA TAMBÉM PODEM PREPARAR REFEIÇÕES

Nosso filho, o dr. Aaron Titus, é físico e professor assistente na High Point University, na Carolina do Norte, assim como sua esposa, a dra. Kimberly Titus. Embora Kim tenha optado por dar um tempo em sua carreira em tempo integral enquanto as filhas ainda não estavam na escola, ela atuava como professora particular de ciências e matemática, programava e testava exercícios didáticos para avaliação *on-line* e dava algumas aulas de matemática na escola da filha. Hoje, Kim é professora assistente de matemática em tempo integral na mesma universidade onde Aaron atua como presidente do departamento de ciências químicas e físicas. Ambos têm muitas responsabilidades.

Além dos deveres da carreira, Aaron em Kim são líderes voluntários na igreja que frequentam. Juntos, são professores na escola dominical. Kim trabalha no ministério infantil e lidera, em parceria com outra pessoa, um grupo de teatro mudo. Aaron desenvolve e treina líderes para a rede de pequenos grupos da igreja. Além disso, Aaron e Kim são anfitriões de um pequeno grupo em seu lar.

Dicas rápidas para mães que trabalham fora

- Ore por sua família enquanto prepara a refeição.

- Coloque o Pão da Presença em sua mesa, pedindo que ele esteja entre vocês.

- Priorize sua agenda a fim de separar mais de um dia por semana para fazer a refeição com todos reunidos em casa ao redor da mesa.

- Planeje e faça listas. Liste os cardápios e os ingredientes dos quais irá precisar.

- Prepare sua mesa arrumando-a com antecedência, de preferência no dia anterior. Prepare o alimento com antecedência, usando receitas e ingredientes práticos.

Embora os dois sejam muito ocupados, você não perceberia isso na hora da refeição. Eles transformaram o jantar em família numa prioridade. Equilibram a vida atarefada com paz porque se reúnem à mesa, onde a presença do Príncipe da Paz se encontra com eles. Por esse motivo, eles têm relacionamentos fortes, filhos vibrantes e saudáveis, tanto no âmbito físico quanto emocional, e a sensibilidade espiritual de ambos continua a se desenvolver.

Pedi a Kim, minha fantástica filha do coração, como gosto de chamá-la, para compartilhar algumas de suas dicas e prioridades com você.

DICAS PARA A HORA DA REFEIÇÃO DA DRA. KIM TITUS: UMA MÃE PROFISSIONAL

Defina os horários

O segredo para refeições familiares bem-sucedidas é comunicar-se com os membros da família ao planejar um horário para o jantar. Para que todos ou a maioria estejam presentes ao mesmo tempo, o horário da refeição pode precisar mudar de um dia para o outro. Quem disse que o jantar precisa ser servido às sete em ponto? Se 17h30 ou 20h30 funcionar para todos, comam nesse horário. Caso o jantar esteja marcado para mais tarde do que de costume certa noite, dê lanches para as crianças de modo que elas não se importem de esperar.

Caso seu marido chegue a sua casa depois que todos já comeram, sirva sobremesa para o restante da família quando o pai estiver jantando, para que todos fiquem juntos à mesa. Às vezes, quando Aaron precisa trabalhar até mais tarde, nós o encontramos num restaurante, mesmo que seja cedo, como às quatro da tarde, só para vê-lo e ficarmos juntos. Em outras ocasiões, já preparamos um piquenique, pedimos *pizza* ou comida chinesa e levamos o jantar para o escritório dele!

Quando estiver faltando de trinta minutos a uma hora para o jantar, ligue para todos os membros da família que ainda não estão em casa para checar o horário estimado de chegada. Caso estejam atrasados, não coloque os legumes para cozinhar no vapor até que eles liguem para dizer que estão a caminho. Mais uma vez: o importante não é comer num horário específico, mas, sim, comer juntos!

Em nosso lar, sempre temos uma cadeira a mais à mesa. Dessa forma, em vez de esperar os amigos de nossos filhos irem embora para que a família possa comer reunida, nós os convidamos a se unirem a nós à mesa. Deixamos que escolham (ou, quando nossos filhos eram mais novos, consultávamos os pais da criança) se querem participar de toda a refeição ou simplesmente se assentar conosco enquanto comemos. A refeição conjunta não precisa ser exclusividade dos membros da família. Que experiência maravilhosa o jantar pode ser para uma criança cuja família não costuma comer reunida regularmente!

Planeje-se

Separe alguns minutos — não horas — para se planejar e fazer compras a cada semana. Quando você para e pensa no que é necessário para uma refeição, pode estocar os itens essenciais num curto espaço de tempo. O que compõe uma refeição? Uma porção de carne com amido e verduras e legumes crus ou cozidos é suficiente. Mantenha à mão os ingredientes básicos para a maioria de seus pratos preferidos. Estoque guarnições como arroz, macarrão (para ser feito com molho ou em forma de salada fria), *macaroni and cheese*, legumes congelados, pão de alho congelado e sopa enlatada. Tento não chegar ao fim de meu estoque e organizo a despensa com as latas novas no fundo, para usar as coisas mais velhas primeiro. Comprar em quantidade pode ajudar a economizar também. Quando o supermercado que você frequenta fizer uma promoção do tipo compre um e leve outro de graça, é hora de fazer estoque desse produto! É possível que seu produto preferido entre em promoção a cada quatro ou oito semanas.

Para uma refeição de preparo e limpeza fácil, cozinhe um prato simples como carne com legumes à moda oriental. Faça arroz e você terá uma refeição com apenas duas panelas para lavar. Separe receitas novas somente para as noites em que você estará com tempo e energia. Em dias longos e frenéticos, apegue-se a receitas testadas e confiáveis, que sua família goste de comer. E nos dias em que você estiver totalmente sem tempo para preparar uma refeição em casa, frango assado comprado pronto está ótimo! Compre um a caminho de casa quando estiver voltando da igreja no domingo para comer em seguida ou para uma noite em que você chegará tarde.

Analise sua semana e planeje a refeição mais fácil em sua tarde mais ocupada ou no dia mais longo. Em nossa casa, quando sei que terei um dia atarefado à frente, tento fazer uma porção maior na noite anterior para comermos as sobras no dia seguinte. Mas siga meu conselho: se você decidir fazer isso, comunique seus planos à família, para que a preciosa porção extra não desapareça na lancheira de alguém, nem seja comida durante um lanchinho da madrugada!

Deixe sua família animada planejando uma noite de *pizza* ou da comida favorita. Ou vá a um lugar com ingredientes pré-preparados para você fazer as refeições da família com mais rapidez. Lembre-se de tirar a carne ou as sobras congeladas do congelador na noite anterior ou de manhã para descongelar. Para evitar que a comida estrague, descongele na geladeira.

Preparo

Lembra aquela panela elétrica que você ganhou de presente de casamento, mas que está juntando pó no fundo do armário na sua cozinha? A verdade é que ela é mesmo uma invenção maravilhosa! Você só gasta alguns minutos de manhã para começar a fazer uma carne assada, uma sopa, um *chili* ou uma torta de frango numa panela de cozimento lento, deixa funcionando o dia inteiro e encontra o jantar pronto quando chega em casa. Deixe uma peça de carne bovina ou suína (ou duas, se você precisar que sobre) cozinhando o dia inteiro na panela elétrica. As sobras da carne ficam deliciosas acompanhadas de arroz e legumes. Ou desfie o restante para fazer o recheio de panquecas ou tortas, ou então acrescente molho *barbecue* e prepare sanduíches.

Ao fazer a salada de hoje, corte um pouco de verduras e legumes a mais para preparar a bandeja de salada de amanhã. Armazene numa bandeja coberta ou numa vasilha rasa e deixe como aperitivo para quando a família chegar e estiver esperando ansiosa pelo jantar. É saudável e lhe poupa um pouco de tempo para preparar a comida.

Pratos repaginados — uma maneira sofisticada de chamar o reaproveitamento de restos — são uma ótima maneira de criar a refeição da família. A carne moída dos *tacos* de ontem pode ser o recheio de *enchiladas*, *burritos* ou até mesmo da lasanha de hoje. Preparar *enchiladas* pode ser rápido: é só aquecer um pacote de *tortillas* de milho, embebê-las em molho pronto para *enchilada*, enrolá-las com carne e colocar numa frigideira com mais molho. Cubra com queijo e deixe no fogo até ele derreter. Não se esqueça de fazer a receita em dobro e guarde uma porção para esquentar numa outra noite!

Quando preparamos bife ou peito de frango grelhado para nossa família, gostamos de fazer a mais. Na verdade, muitas vezes grelhamos um pacote de dois quilos de peito de uma vez! Alguns peitos de frango podem ter tamanho suficiente para ser cortados em dois ou até três pedaços, uma ótima maneira de monitorar o tamanho das porções, economizar e facilitar o planejamento das refeições. Aqueça o frango ou o bife que sobrou, corte em fatias e disponha por cima de uma salada caprichada. Ou corte as sobras e congele num saco. Quando for fazer *fajitas*, coloque o resto de carne congelada numa frigideira com cebola fresca ou congelada refogada e esquente por alguns minutos. Ou use as fatias de carne para fazer um refogado chinês com seleta de legumes congelados.

Deixe as crianças ajudarem. Elas podem pôr a mesa, pegar o molho da salada, refogar o arroz, fazer os *brownies* que você assará durante o jantar e ajudá-la a servir. O jantar estará à mesa mais rápido e a ocupação irá distraí-las, fazendo-as esquecer, por um momento, como estão com fome!

Obrigada, Kim, por suas orientações tão práticas! Os valores saudáveis de vida que os membros de sua família experimentam no lar influenciarão as escolhas que farão durante a vida inteira. Provérbios 24.3-4 nos diz: "Com sabedoria se constrói a casa, e com discernimento se consolida. Pelo conhecimento os seus cômodos se enchem do que é precioso e agradável". Cada pessoa em sua família é um belo e raro tesouro; use, portanto, a sabedoria para compreender esses princípios e fazer os ajustes necessários para que o pão de cada dia em sua casa leve vida a todos os que dele comerem.

Reflexões à mesa

1. Cite os quatro tipos de pensamentos que o dr. Amen identifica como liberadores de uma química cerebral que desperta a sensação de bem-estar.

2. Complete as lacunas com as palavras que faltam para formar as sete palavras usadas por Michael Pollan a fim de nos orientar quanto ao que devemos comer: "Coma _____. Não _____ _____. Principalmente _____".

3. Mencione três inspirações das dicas da dra. Kim Titus, uma mãe profissional, que facilitarão o preparo das refeições para você.

4. Avalie seu prato. Que cores você precisa acrescentar a seu cardápio habitual para aumentar o valor nutricional dos jantares que prepara? Qual grupo alimentar está em falta?

5. Relacione pensamentos saudáveis que você pode acrescentar a suas refeições saudáveis para melhorar seu estilo de vida saudável.

6

Uma mesa preparada para nós

[Deus] o está atraindo para longe das mandíbulas da aflição,
para um lugar amplo e livre, para o conforto
da mesa farta e seleta que você terá.

Jó 36.16

O AUDITÓRIO ESTAVA LOTADO, com cerca de duzentas mulheres. Cheia de convicção e paixão, falei sobre o princípio da mesa.

Logo depois da mensagem, uma mulher se espremeu em meio à multidão para vir conversar comigo. Explicou que fora esposa de pastor e conhecia meu ministério havia 25 anos. Com admiração, ela me encorajou a seguir em frente e depois me contou sua triste história. Ela se divorciara do marido pastor, e seus filhos estavam lutando contra vícios e contra as dificuldades que acompanham esse estilo de vida.

Depois de ouvir a convincente mensagem sobre a importância da mesa e da presença sobrenatural que repousa sobre os membros da família que se reúnem ali, aquela mulher se lembrou de dez anos antes, quando a vida ocupada, repleta de programas da igreja, começou a suprimir os momentos de refeição em família. Ela percebeu que também foi a partir desse momento que os relacionamentos em sua família começaram a se desintegrar. No dia em que me ouviu falar sobre o princípio da mesa nas Escrituras, reconheceu o que dera errado naquilo que ela e o marido pensavam ser uma boa vida.

Com lágrimas nos olhos, ela recordou que, quando os membros da família pararam de comer juntos, também pararam de conversar uns com os outros. Pararam de saber o que aconteceria no dia seguinte das outras pessoas e se desconectaram. A princípio, a família se desconectou do marido, o pai das crianças. Ele ficava ocupado com reuniões na igreja e responsabilidades do ministério durante as noites e raramente aparecia em casa para jantar. Como ele não estava lá, ela e os meninos pegavam o que queriam para comer. Não demorou muito e cada um comia num horário diferente. Aos poucos, ela observou seus filhos ficarem cada vez mais distantes. O vínculo com os pais foi interrompido e eles se fecharam emocionalmente. Ela tentou se aproximar do coração deles, mas não teve sucesso. Eles simplesmente pararam de conversar uns com os outros. Com o tempo, a família se desintegrou. Até me ouvir falar sobre o princípio da mesa, ela não havia conseguido identificar quando ou por que as coisas começaram a se deteriorar. Agora ela sabia.

Aquela mulher continuou me contando que agora estava em um novo casamento e o segundo marido também era pastor. Eles haviam começado o relacionamento conjugal sem comer juntos e até agora não pareciam conseguir se conectar com a intimidade que ambos desejavam. No entanto, depois de ouvir a mensagem sobre o propósito de Deus para a mesa, ela adquiriu o novo objetivo de pôr a mesa em sua casa e permitir que a presença sobrenatural de Deus fizesse uma obra em seu casamento. Tive notícias dela depois e sei que é uma mulher feliz junto do marido. Eles desenvolveram um vínculo de intimidade, diálogo e amor um pelo outro. Não haviam percebido o que faltava em seu relacionamento, até se darem conta de que era a mesa. Agora ela tem prazer em arrumar a mesa e ambos apreciam sentar-se ali!

A ESTABILIDADE EMOCIONAL SE CONSOLIDA À MESA

O dito popular "São as raposinhas que estragam a vinha" é, na verdade, uma paráfrase da sábia instrução do rei Salomão, que declarou: "Apanhem para nós as raposas, as raposinhas que estragam as vinhas, pois as nossas vinhas estão floridas" (Ct 2.15). Enquanto nossas vinhas estão floridas, a vida parece fluir tranquilamente — sem tensões no casamento e nas finanças, os filhos se saindo bem na escola, não há provações traumáticas em nossa vida, gostamos do que fazemos na igreja. Este era o caso da família acima. No entanto, as raposinhas do excesso de atividades e da complacência estragaram a vinha da família, danificando as flores em sua vida. Se não fizermos uma armadilha pra as raposinhas enquanto elas estão entrando, podem acabar estragando nossas vinhas — nosso lar. Eu identifiquei duas "raposinhas" que você deve vigiar ao examinar em oração sua vida e a de sua família.

Raposinha número 1: ocupados demais fazendo coisas boas

Não são as coisas erradas que fazemos que atrapalham nosso tempo de qualidade juntos. Em geral, nossos dias se tornam estressantes e cheios de frustração porque fazemos coisas boas em excesso.

Uma década de pesquisas revela que uma experiência familiar positiva à mesa é o evento mais significativo para o desenvolvimento emocional das crianças dentro do lar. Em 1997, a American Psychological Association [Associação Psicológica dos Estados Unidos] publicou um estudo ilustrando o papel crucial da refeição em família na vida dos adolescentes. A pesquisa descobriu que os adolescentes bem ajustados — aqueles com melhor relacionamento com os amigos, mais motivação acadêmica e pouco ou nenhum problema com drogas e depressão — jantavam com a família numa média de cinco dias por semana.[1]

O dr. Chris Stout, ex-presidente da Illinois Psychological Association [Associação Psicológica de Illinois] e diretor de psicologia no Hospital Forest em Des Plaines, Illinois, afirma que o principal ingrediente da refeição em família — a comunicação — é um dos segredos para criar filhos emocionalmente saudáveis. Ele diz: "Questões delicadas, como problemas com colegas ou dever de casa, são abordadas com maior facilidade em volta da mesa de jantar".[2] Outra pesquisa da Universidade de Minnesota e da Universidade da Carolina do Norte encontrou resultados semelhantes: o uso de drogas, sexo, violência e estresse emocional são menos comuns em lares onde os pais estão presentes em momentos cruciais, sobretudo durante as refeições.[3]

> Em geral, nossos dias se tornam estressantes e cheios de frustração porque fazemos coisas boas em excesso.

O excesso de atividades é uma "raposinha" que estraga vagarosamente a "vinha" da conexão emocional da família. Os aspectos essenciais do coração humano — aprendizagem, vínculo e relacionamento, que proporcionam segurança e sentido — parecem estar diretamente ligados à refeição familiar. Quando corremos de uma atividade para outra, temos poucas conversas significativas e passamos tempo desconectados uns dos outros, isolados nos próprios interesses. Isso pode ser prejudicial por dois motivos. Primeiro, tendemos a nos desconectar emocionalmente porque ficamos menos tempo juntos. Segundo, o isolamento leva a menos diálogos positivos e menos toques de afirmação, duas das principais conexões humanas.

Se sua família não se reúne regularmente para comer, pergunte-se: "O que estou fazendo é mais importante do que uma refeição com minha família? O que estou sacrificando a fim de fazer o que quero?". Você precisa priorizar seu tempo. Todos temos o mesmo total de horas para obter os mesmos resultados nos relacionamentos que construímos com familiares e amigos.

Raposinha número 2: negativismo

Existe uma ligação direta entre a saúde emocional e o cérebro. Fiquei impressionada ao descobrir que, à mesa, durante as refeições familiares, podemos minar e enfraquecer a saúde biológica do cérebro, afetando negativamente sua habilidade de processar e avaliar informações, ou podemos fortalecer sua capacidade de aprender e assimilar dados que curam a mente de outras formas de ataque.

O dr. Daniel G. Amen, neurocientista clínico, psiquiatra especializado em infância e adolescência e diretor médico da Amen Clinic for Behavioral Medicine [Clínica Amen para Medicina Comportamental], define claramente, com o uso da tomografia computadorizada por emissão de fóton único, que o negativismo recorrente é capaz de danificar as células do cérebro humano. No livro *Change Your Brain, Change Your Life*, o dr. Amen afirma: "O cérebro é o *hardware* da alma".[4] A alma é a essência de quem você é. Aquilo que a alma humana se torna é muito influenciado pelo que a mente recebe na interação com a família. Quando começamos a entender isso, passamos a medir e avaliar aquilo que dizemos uns para os outros dentro do lar. Pergunte-se: "Converso com meu cônjuge e com meus filhos de maneira positiva ou negativa?".

Minha mãe tem 85 anos e ainda está lúcida e ativa. Ela sempre foi muito enfática quanto a sermos pessoas positivas. Quando eu era nova, ela não me deixava dizer: "Não consigo". Se eu realmente não fosse capaz de fazer algo, ela me fazia substituir o "não consigo" por "quem sabe um dia eu conseguirei". Percebe a diferença sutil? As duas frases têm o mesmo sentido, mas uma é negativa e a outra, positiva.

> Aquilo que a alma humana se torna é muito influenciado pelo que a mente recebe na interação com a família.

O capítulo 3 do livro do dr. Amen faz uma definição clara do que ele chamou de "sistema límbico profundo do cérebro". Essa é uma expressão dele, simplificando as complexidades do sistema límbico em termos leigos que se tornam úteis para fins de explicação. Trata-se de um sistema com o tamanho aproximado de uma noz, posicionado próximo ao centro do cérebro. Ele identifica que é ali que o amor e a depressão atuam, ou seja, esse sistema dá o tom emocional da mente. É nele que são armazenadas as lembranças carregadas de emoção; também é ele que controla os apetites e ciclos do sono. Embora haja outras funções para este pedaço poderoso de nossa mente, não as listarei por questões de ênfase. Os sintomas negativos do sistema límbico são: mau humor, irritação, isolamento social, depressão clínica (o mais extremo), negativismo em geral, percepção negativa dos acontecimentos, aumento de pensamentos negativos e decréscimo na motivação. A maior parte desses pontos fracos é causada pela interrupção de vínculos. "Problemas límbicos e de vínculo costumam andar lado a lado" afirma o dr. Amen.[5]

Quando a mesa é uma prioridade para nós — sejamos casadas ou solteiras, mães ou não —, algo poderoso acontece dentro de nossa mente. Manter uma conversa positiva, animadora e edificante é saudável para você e para os outros que participam da refeição. Sua conversa tem o poder de reconstruir células cerebrais e, quem sabe, até mesmo de ajudar uma pessoa com depressão clínica no caminho rumo à recuperação.

> Manter uma conversa positiva, animadora e edificante é saudável para você e para os outros que participam da refeição.

Paulo escreveu para seus amigos em Filipos:

> Finalmente, irmãos, tudo o que for verdadeiro, tudo o que for nobre, tudo o que for correto, tudo o que for puro, tudo o que for amável, tudo o que for de boa fama, se houver algo de excelente ou digno de louvor, pensem nessas coisas.
>
> Filipenses 4.8

Minha paráfrase desse versículo é simples: encontre algo de positivo em toda pessoa e situação; fixe seus pensamentos nisso.

Você já deve ter ouvido dizer que nossos pensamentos se transformam em palavras, nossas palavras em ações, nossas ações em hábitos e nossos hábitos em caráter. Gostaria de finalizar esse pensamento declarando que o caráter se transforma em nosso destino. Se desejamos que nossa família experimente cura emocional e força, é muito importante criar uma atmosfera de conversas positivas e edificantes ao redor da mesa. Esse tipo de conversa melhora nossos hábitos, nosso caráter e nosso destino — quem nos tornamos.

Excelentes conversas à mesa

CRIE UM ELOGIO

- Defina a palavra *elogio*.

- Dê um exemplo de elogio.

- Elogie cada membro da família.

- Reveze, dando a cada um em volta da mesa a oportunidade de elogiar os outros.

Eleanor Roosevelt disse: "Mentes brilhantes falam de ideias; mentes medianas falam de eventos; mentes pequenas falam de pessoas".[6] Esse pensamento presume que falar sobre os outros não é edificante. Que essa seja a regra geral em volta da sua mesa. Prepare uma atmosfera positiva para a experiência da refeição. Se falar sobre outras pessoas, certifique-se de que as palavras sejam sempre elogiosas e enriquecedoras. Esse tipo de conversa começa com pensamentos positivos, que fortalecem todas as células do corpo.[7]

CURA EMOCIONAL EM MOMENTOS DIFÍCEIS

A primeira igreja na qual Larry atuou como pastor cresceu com muita rapidez. Embora fôssemos jovens e inexperientes, éramos apaixonados, cheios de entusiasmo e energia ao ver jovens desiludidos com as instituições, em especial com a igreja, passarem a conhecer Jesus de maneira pessoal. Milhares adoravam juntos em uma pequena cidade no centro do estado de Washington, e a criatividade do ministério naquele lugar influenciou a nação.

Fundamos uma escola de ensino fundamental, outra de ensino médio e uma faculdade de artes cristãs, além de uma emissora de rádio, uma livraria e a revista *Virtue*.

Tudo parou de maneira dramática no dia em que descobrimos desvios de verba e outras irregularidades. Em questão de dias, nosso mundo aparentemente perfeito veio abaixo. Meu marido entrou em depressão profunda. Por isso, logo precisamos deixar nossas funções e mudar de cidade.

Nossa filha Trina estava no nono ano e Aaron, nosso filho, no quarto ano do ensino fundamental quando nos mudamos para outro estado. Ciente da grande visibilidade de nosso ministério e da dor profunda que nossa família estava sentindo, um pastor amoroso nos chamou para fazer parte de sua igreja e passar pelo processo de cura. Nossa história era diferente do comum. Não havíamos feito nada de errado, mas tivemos de assumir a responsabilidade pelo que acontecera de ruim.

A depressão profunda de Larry o levou a sentir medo, negativismo e falta de esperança. Era como se eu tivesse perdido meu esposo visionário, cheio de fé, e agora vivesse com alguém que não conhecia. Ele estava emocionalmente fechado e distante nos relacionamentos. Eu senti uma responsabilidade esmagadora de garantir que nossos filhos não se abalassem na fé nem em sua confiança na igreja. Também não queria que eles sentissem a dor da angústia do pai. Saímos do estado e fomos para um apartamento temporário e depois para uma casa alugada. Deixamos tudo que possuíamos para trás, com exceção de alguns móveis básicos. Só havia espaço para uma pequena mesa redonda na cozinha da casa alugada que chamávamos de lar.

Nunca me esquecerei de como eu me apertava em volta da mesa, noite após noite, conversando com Trina e Aaron sobre a adaptação a uma nova escola, vizinhança e à igreja da qual o pai não era o pastor. Nada daquilo era familiar. Sentíamos a presença do inimigo de todos os lados. Éramos culpados, incompreendidos e envergonhados.

Mesmo durante essa transição difícil na vida de nossa família, continuamos a tradição de fazer as refeições à mesa. De manhã, tomávamos o desjejum antes da escola; após as aulas, comíamos biscoitos com leite à mesa. Então colocávamos a mesa para o jantar. Era como se não quiséssemos sair da mesa. Embora Larry não conversasse muito durante essas refeições, ainda assim estávamos juntos. Eu tentava manter a conversa leve e positiva, apesar das circunstâncias difíceis e frustrantes. Deixar o estilo de vida tão ocupado do pastorado para encarar dias silenciosos de solidão e desespero com o futuro desconhecido era muito assustador. Tenho a convicção de que o que manteve nossa família unida durante essa transição difícil foi o tempo que passamos juntos ao redor da mesa.

NA PRESENÇA DOS MEUS ADVERSÁRIOS

No salmo 23, Davi reflete sobre o cuidado terno e amoroso de Deus por ele, semelhante ao de um pastor que guarda o seu rebanho. Depois de contar como Deus o conduz, restaura e guia dia após dia, Davi faz esta interessante observação: *"Preparas-me uma* mesa na presença dos meus adversários" (v. 5, RA).

Quem são seus adversários na vida cotidiana? São colegas de trabalho que querem sua função? Seria um vizinho, parente ou professor? Talvez você até sinta que dorme com o inimigo. Não importa quem você seja ou que posição ocupe, posso quase lhe garantir que existe alguém em sua vida que parece um adversário.

O que o inimigo quer que nos aconteça? O objetivo do inimigo é nos pressionar e nos fazer retroceder. Acho que todos concordam que, a despeito de quantas pessoas incríveis e amorosas nos cerquem, conseguimos *sentir* a presença dos adversários.

Quando eu tinha 17 anos, casei-me com um pastor e fiquei imediatamente imersa na cultura da igreja. Não cresci dentro do ministério pastoral, portanto não sabia o que esperar. Hoje, depois de quase cinquenta anos de ministério, quando penso em meus adversários, infelizmente penso na igreja. Em nossos primeiros anos de pastorado, havia uma pessoa em nossa igreja que, por algum motivo, não gostava de mim. Não gostava *mesmo*. A igreja que pastoreávamos tinha mais de dois mil membros e eu nunca sabia a qual culto ele iria. Mas, sempre que aparecia, apesar das outras 1.999 pessoas dentro do templo, eu conseguia sentir a presença de meu adversário.

O que aquele sentimento me dava vontade de fazer? Lembre-se: o objetivo de nosso inimigo é ser tão agressivo a ponto de nos fazer sentir vontade de recuar, retroceder e, por fim, desistir. Durante aquela época, em que sentia a presença de meu adversário dentro da igreja, tive realmente vontade de desistir. E houve outras ocasiões em que Larry e eu poderíamos facilmente ter desistido e nunca voltado para o ministério de nossa vocação. O inimigo de nossa alma quer que nos retraiamos um pouco — em fidelidade, no ministério, no serviço ao esposo e aos familiares. É só um passinho para trás e depois outro, até chegarmos a ponto de querer largar tudo!

É nessas horas — nas horas em que você, assim como Davi nos salmos, sente que a presença do inimigo é absolutamente intolerável — que Jesus lhe diz, em essência, o seguinte: "Venha aqui, filha querida. Sei que as coisas estão difíceis. Sei o que está acontecendo em sua vida e como o inimigo está conspirando contra você, pressionando-a e tentando fazê-la se retrair. Mas não desista! Preparei um lugar para você à mesa. Venha e coma comigo e passaremos por tudo isso juntos". Mesmo que suas circunstâncias ainda não tenham mudado — as circunstâncias tão angustiantes que a fazem sentir vontade de desistir —, Jesus quer que você saiba que pertence a ele. Quando os adversários pressionam e a levam a se retrair, Jesus traz você para a mesa. E, à mesa, ele lhe diz: "Não interessa o que eles dizem, nem quais são seus sentimentos agora, você tem valor para mim. Eu me importo com você".

> Quando os adversários pressionam e a levam a se retrair, Jesus traz você para a mesa.

Não somos as únicas a enfrentar a presença de nossos adversários todos os dias. Nossos filhos também passam por isso diariamente. Sempre existe alguém mais inteligente, mais rápido e mais talentoso. Na sala de aula, no parquinho e, infelizmente, até mesmo na igreja, eles recebem apelidos pejorativos, são zombados e humilhados. Mas quando os filhos chegam em casa depois do dia de aula, muitas vezes não há ninguém para recebê-los. A cozinha está escura e o forno, frio. Nenhuma mesa foi preparada para eles. Já se sentindo fracassados, nossos filhos chegam e encontram uma casa vazia, onde arranjam algo para comer sozinhos, sem diálogo, e fogem para o computador ou a televisão, sem a oportunidade de ouvir uma palavra de incentivo e de processar o que estão sentindo.

Talvez a mãe esteja fazendo coisas boas. É possível que tenha um emprego importante, seja voluntária na igreja ou lidere um grupo de estudos da Bíblia. Contudo, quando os filhos chegam em casa, ainda vacilantes pela presença dos adversários, não há ninguém no lar para dizer: "O que aconteceu com você hoje, meu filho? Ah, como fico triste por ouvir isso! Bem, esse professor ainda não conseguiu perceber quanto você é inteligente! Você não está sozinho, querido. Estamos a seu lado e vamos ajudá-lo a superar qualquer coisa". Seus filhos necessitam desesperadamente ouvir isso, inculcar essa verdade na vida deles. E onde vocês terão essa conversa? Não será no *drive-through*! Não, conversas como essas acontecem à mesa. Elas ocorrem no lar, face a face, num lugar reservado para seus filhos em volta da sua mesa.

Talvez seja você ou seu marido que chegue em casa com muitas pressões, sentindo desânimo, derrota, exaustão e vontade de desistir. Os esposos, não importa a profissão que tenham, encontram adversários no trabalho e chegam com preocupações e dúvidas, como: "Serei capaz de prover o sustento de minha família? Será que conseguirei a promoção que aquele outro sujeito está disputando? A empresa está reduzindo o pessoal... seria eu o próximo?". Quando ele chega cansado, desanimado e abatido pelos inimigos, o que encontra? Uma cozinha vazia. Se tiver sorte, haverá restos frios na geladeira para ele aquecer sozinho.

> Se o Bom Pastor prepara uma mesa para nós quando necessitamos de coragem para enfrentar mais um dia e não desistir, o mínimo que podemos fazer pelos membros de nossa família é preparar-lhes uma mesa na presença de seus adversários.

Se o Bom Pastor prepara uma mesa para nós quando necessitamos de coragem para enfrentar mais um dia e não desistir, o mínimo que podemos fazer pelos membros de nossa família é preparar-lhes uma mesa na presença de seus adversários. Quando começa um dia, nunca sabemos o que ele nos reserva.

Se for desânimo, a reunião à mesa com o Pão da Presença pode trazer uma nova perspectiva e energia renovada para enfrentar nossos desânimos e tentar de novo, amar de novo, viver de novo. De alguma forma, o simples ato de sentar e relaxar junto a uma mesa posta é capaz de acalmar nosso espírito e facilitar o enfrentamento do próximo dia.

Larry e eu não desistimos. Extraíamos força um do outro à mesa, embora não percebêssemos o que nos mantinha unidos. Era a presença sobrenatural que enxergava nosso potencial e não nos deixava jogar tudo para o alto. Alguns meses depois, recebemos o convite de pastorear outra congregação. Fizemos mais uma mudança e começamos tudo de novo. Somos pessoas melhores por essa provação em nossa vida, porque Larry e eu decidimos ser positivos e permanecer juntos. Continuei a arrumar a mesa e manter uma rotina em nossa vida diária. Nossos filhos não ficaram amargos, rebeldes, retraídos ou alienados, nem nós. Meu marido se levantou para um novo patamar de fé e liderança. Juntos, prosseguimos num ministério apaixonado e inovador, levando uma mensagem pessoal de amor e paz para os outros.

SE EU CONSIGO, VOCÊ TAMBÉM CONSEGUE

Sua história é muito diferente da minha. No entanto, todas nós deparamos com pressões gigantescas e mudanças que não planejamos. Minha amiga Susan Allen escreveu um livro chamado *The Unintended Journey* [A jornada não planejada]. A jornada que ela não tinha a intenção de fazer foi a descoberta do vício de seu marido cristão em pornografia. A jornada não pretendida de outra amiga, acostumada a um estilo de vida abastado, foi enfrentar a falência. A jornada não pretendida de minha filha, apresentada em mais detalhes no capítulo 9, foi descobrir o caso extraconjugal do marido. Todas fazemos jornadas não planejadas na vida — talvez a sua tenha sido um divórcio indesejado, a morte de um ente querido ou um diagnóstico alarmante.

Há momentos na vida em que a última coisa que queremos é sair para comprar guardanapos e jogos americanos, colocar tecido novo nas cadeiras gastas da cozinha e planejar refeições em casa. Com certeza, não é nessas horas que você sente vontade de folhear livros de receitas procurando ideias para os cardápios do mês. Você pode, porém, fortalecer os membros de sua família e a si mesma concentrando o foco no que acontece à mesa durante essa fase difícil. Diante da desesperança, na presença de seus adversários, o Pão da Presença pode transformar pranto em dança e lamento em alegria durante sua experiência de jantar.

Preparar refeições para sua família em momentos de adversidade cria um ambiente estável para todos. Fomenta um espaço para a família conversar. O *menu* escolhido não é o fator mais importante. O desânimo costuma provocar a perda da criatividade. A depressão faz a energia e o ímpeto de realizar se esvaírem. Quando você se sentir assim, siga as sugestões a seguir para priorizar os momentos de refeição. Nessas ocasiões, a comida deve ser simples e o ambiente, colorido! Veja algumas ideias simples para ajudá-la a começar:

> Preparar refeições para sua família em momentos de adversidade cria um ambiente estável para todos.

- Arrume a mesa com cores vivas, mesmo que seja com produtos descartáveis, e coloque uma música de fundo animada durante a refeição.
- Tenha planos de fazer alguém rir. "O coração alegre é bom remédio, mas o espírito abatido faz secar os ossos"

(Pv 17.22, RA). Se você não estiver conseguindo ser engraçada, leia uma piada.

- Faça perguntas que incentivem o diálogo.
- Compre a comida preferida de sua família em um restaurante que faça entregas.
- Inicie cada refeição com uma oração sincera.
- Organize as atividades do dia para que todos possam comer juntos.
- Use seus melhores pratos e copos uma noite. (Até mesmo taças de lojas de 1,99 enfeitam a mesa.) A família se sentirá especial, ainda mais quando estiver passando por momentos difíceis.

Esses passos simples fortalecem as emoções de cada membro da família enquanto vocês enfrentam o período difícil juntos. Lembre-se: todos os problemas da vida são temporários. Eles não duram para sempre.

IDENTIDADE PESSOAL

A experiência da refeição produz um senso de identidade pessoal, que pode permanecer conosco para o resto da vida. Podemos nos sentir seguros a nosso respeito ou podemos acreditar que não temos valor, com base no que acontece ou não acontece à mesa.

Certa noite, anos atrás, uma mulher de aspecto sofrido, pequena, de cabelos negros encaracolados na altura do ombro, veio conversar comigo, depois que falei numa conferência, e me contou sua história. Estava vestida de forma criativa, com várias peças exclusivas, e sua expressão era, ao mesmo tempo, dramática e contida. Pude perceber que sua personalidade naturalmente extrovertida era reprimida por incertezas pessoais. Com lágrimas e grande angústia, ela descreveu os horrores de suas experiências à mesa durante a infância. Aquela mulher contorcia as mãos tatuadas enquanto falava, afastando, às vezes, as lágrimas que escorriam por sua face.

Um ano antes de seu aniversário de 13 anos, sua mãe se casou novamente. Ela ficou tão empolgada por ter um pai de novo! Durante a maior parte de sua vida, ela não tivera pai e achou que seria como suas amigas, com aquilo que ela pensava ser uma família normal. Algumas semanas depois de começar a morar com o padrasto, aconteceu algo de que ela nunca se esqueceria. Foi à mesa. Só os três estavam ali: a mãe, o padrasto e ela. Com olhos raivosos e lábios cerrados, ele olhou para a menina e disse quanto ela era feia. Foi enfático ao declarar que não conseguiria comer com a presença dela à mesa, pois sua feiura lhe estragava o apetite. Aquela jovem preciosa foi retirada da mesa e nunca mais pôde comer ali enquanto ele estava presente. Sua mãe a colocava em outro lugar da casa ou à mesa depois que o padrasto terminava de comer.

Pouco tempo depois desse incidente infeliz, ela fugiu de casa. Refugiava-se em contêineres de lixo para se aquecer no inverno, e os breves períodos em que morou na casa de um homem que a resgatou a fizeram sentir-se importante por um momento. Viveu vagando de um lugar para o outro por anos.

Aquela senhora miúda de traços delicados e cachos nos cabelos foi emocionalmente ferida à mesa por um padrasto cruel. Ela nunca mais reconheceu seu valor, isto é, até se sentar à mesa de Deus. Aos 45 anos, depois de um estilo de vida destrutivo, ela estava começando a passar por um processo de renovação. Uma amiga a convidou para ir à igreja e depois para jantar em sua casa. Ela começou a descobrir quanto era amada por Deus e como era uma pessoa digna de receber amor. A mulher que fora emocionalmente destruída à mesa por um espírito de ódio recebeu cura emocional também à mesa, por um espírito de amor. Aquela bela senhora encontrou sua verdadeira identidade em Cristo à mesa.

O próprio Jesus foi criticado por comer com pecadores. Os fariseus, a elite religiosa da época, menosprezaram-no, chamando-o de "amigo de publicanos e pecadores" (Mt 11.19). Quando Jesus comia com cobradores de impostos e prostitutas, tornava-se um deles, alegavam os fariseus. É claro que Jesus não era pecador, mas, sim, um amigo comendo com outros amigos, fossem eles religiosos ou não. Ele sabia que sua presença amorosa e cheia de aceitação à mesa acabaria por transformar a vida deles.

> Além de curar as feridas emocionais, a presença redentora de Cristo à mesa pode confirmar e estabilizar a identidade pessoal durante circunstâncias familiares difíceis ou confusas.

Além de curar as feridas emocionais, a presença redentora de Cristo à mesa pode confirmar e estabilizar a identidade pessoal durante circunstâncias familiares difíceis ou confusas. Por exemplo, sua família pode ser não tradicional: uma família mista, uma família formada por mãe ou pai solteiros, uma família em que os filhos só ficam em casa nos finais de semana. Talvez ela tenha tradições e identidades há gerações e, quem sabe, origens raciais ou étnicas muito diferentes. A despeito de quais sejam suas circunstâncias específicas, é à mesa que sua família adquire um senso de identidade. Novas tradições e novos valores podem ser consolidados à mesa. A afirmação e os elogios que você estende aos outros lhes dá coragem para serem sensíveis e criarem uma conexão com a nova família. Conversas positivas e edificantes incentivam a fusão de valores e prioridades.

Certa família mista me contou que o marido tinha a tradição de orar à mesa, mas os adolescentes, filhos da esposa, não estavam acostumados a isso. Quando a família recém-formada se sentou para a refeição, eles pegaram o garfo e começaram a comer. O padrasto teve a sensibilidade de deixá-los continuar. Não os envergonhou, mas, durante o jantar, explicou que, na nova família que haviam formado, ele gostaria de orar antes de alimentação. Deixou todos fazerem perguntas e discutirem os motivos para essa mudança de estilo de vida. Aquele homem sábio começou a reformular os valores e as tradições à mesa e a família começou a aderir à nova identidade.

A MESA DA FAMÍLIA DE MEU PAI

Papai cresceu numa família numerosa, com dez filhos, em um sítio no sudeste de Oklahoma, no início do século 20. Eles eram muito pobres. Certa vez, eu lhe perguntei como ele havia desenvolvido um caráter tão bom a despeito da infância tão difícil que tivera. Ele respondeu: "Não tínhamos bens materiais nem educação, mas havia muito amor. E mamãe sempre tinha uma refeição posta à mesa". Numa casa pequena para os doze, a família de meu pai sempre comia à mesa. Apesar do espaço apertado e das camas compartilhadas, havia espaço em seu lar para a importantíssima mesa.

Algo sobrenatural se evidenciava na família de papai enquanto todos comiam juntos a cada dia — e, com frequência, mais de uma vez por dia. Foi à mesa posta que o caráter deles se formou. A segurança do amor dos pais foi profundamente gravada nas emoções daquelas crianças. Quando os irmãos brigavam para ver quem ficaria com a última porção de milho, os pais lhes ensinavam a repartir. Todos recebiam um pouco. Os mais velhos ajudavam os mais novos enquanto lavavam a louça juntos. Meu pai, junto com os irmãos e as irmãs, aprendeu a ter responsabilidade à mesa. E todos eles, inclusive meus avós, tiveram a oportunidade de entregar a vida a Jesus.

A MESA DA FAMÍLIA DE MINHA MÃE

Na família de mamãe, meu avô era, sem dúvida, o chefe da família. Depois da morte de seu pai, ele assumiu a responsabilidade de sustentar a mãe e os irmãos mais novos, bem como a própria esposa e os cinco filhos. Todos moravam juntos. Vovô trabalhava no campo e na construção de estradas estaduais e quase sempre estava em casa para o jantar.

A mesa era grande e alimentava muitas pessoas. Regularmente, eles também hospedavam pregadores visitantes e itinerantes. Eram hospitaleiros com os vizinhos das fazendas próximas. As experiências de jantar de minha mãe incluíam oração, comida, risadas, instrução, estudo da Bíblia e brincadeiras em família. A mesa era o centro das atividades do lar. Caráter, coragem e disciplina eram demonstrados ao redor da mesa. Fé, esperança e amor eram transmitidos a todos que faziam refeições com eles.

Como você pode ver, a mesa na família de minha mãe era bem diferente da encontrada na família de meu pai. Contudo, o resultado das refeições regulares à mesa produziu filhos emocionalmente saudáveis nos dois casos.

A MESA DE NOSSA FAMÍLIA

É raro Larry e eu irmos à casa de nossos filhos e não encontrarmos convidados para jantar. Às vezes, eu penso: "Ah, como eu queria poder visitá-los sem outras pessoas por aqui!". Mas então lembro que assim era a mesa de nossa família enquanto eles cresciam. Por que eu deveria esperar algo diferente na família e na casa deles? A mesa no lar de nossos filhos é um lugar de alegria e refúgio para outros, assim como a nossa foi no passado.

Quando Trina e Aaron eram menores, tínhamos o costume de levar uma família para jantar em nossa casa após o culto no domingo. Como morávamos longe de nossos parentes, nas ocasiões comemorativas, convidávamos outras pessoas que não tinham um lugar especial para ir. Presidiários, adolescentes de rua, celebridades, pregadores, missionários, parentes, membros da igreja — pessoas com todo tipo de experiência de vida já se sentaram a nossa mesa. Muitas vezes, Larry levava pessoas para jantar sem avisar com antecedência. Era assim que vivíamos. Em quase cinquenta anos de casamento, Larry e eu já convidamos literalmente centenas de pessoas para participar de nossa mesa.

À mesa de nossa família, nossos filhos aprenderam a servir os outros, a ser corteses e a conversar com adultos. Agora que são grandes e têm a própria família, Trina e Aaron são hospitaleiros e usam o lar para amar as pessoas e

> Sempre há lugar para você à mesa.

permitir que Deus trabalhe na vida delas enquanto servem uma refeição, uma bacia de pipoca ou uma simples xícara de chá. Hoje vemos esses mesmos valores de hospitalidade se repetirem no lar de nossos netos adultos. Nosso estilo de vida se tornou o estilo de vida deles — usando a mesa da família para levar vida a outros.

Amigos vão e vêm, diferentes fases da vida vão e vêm, mas a tradição da mesa familiar, onde o Pão da Presença se encontra conosco, não muda. Sempre há lugar para você à mesa. A presença divina espera por você ali. Que tal se unir a ela?

Reflexões à mesa

1. Cite duas raposinhas que podem estragar sua experiência à mesa.

2. Paulo disse: "pensem nessas coisas" (Fp 4.8). Leia o versículo e liste as coisas sobre as quais Paulo nos orientou a pensar.

3. O que Jesus faz nos dias que você sente vontade de desistir? O que você deve fazer por sua família nos dias de maior aflição?

4. Mencione três das sete coisas divertidas que você pode fazer à mesa quando o dia tiver sido sombrio para alguém.

5. Cite três coisas especiais que você pode fazer durante períodos difíceis para que sua família se sinta amada e segura.

7

"Em memória de mim"

O Senhor Jesus, na noite em que foi traído, tomou o pão e, tendo dado graças, partiu-o e disse: "Isto é o meu corpo, que é dado em favor de vocês; façam isto em memória de mim". Da mesma forma, depois da ceia ele tomou o cálice e disse: "Este cálice é a nova aliança no meu sangue; façam isso sempre que o beberem em memória de mim". Porque, sempre que comerem deste pão e beberem deste cálice, vocês anunciam a morte do Senhor até que ele venha.

1 Coríntios 11.23-26

QUANDO JESUS PERCEBEU QUE os dias de seu ministério na terra estavam chegando ao fim, reuniu seus amigos mais próximos em volta da mesa para compartilhar uma refeição, que costuma ser chamada de última ceia.

Foi um jantar de Páscoa, que, como vimos no capítulo 2, era a refeição mais celebrada no ano judaico. O povo de Israel preparava essa refeição especial todos os anos como forma de recordar a intervenção milagrosa de Deus para salvar os israelitas da escravidão no Egito. Mas essa refeição também era essencial para o propósito de Jesus. Ele tinha algo importante a contar para seus discípulos e queria que eles sentissem sua presença de maneira tangível naquela noite — à mesa.

Assim como qualquer jantar, a mesa para a última ceia foi arranjada com pratos, copos e tigelas. Naqueles pratos se encontravam os elementos naturais — pão e vinho — que faziam parte da refeição pascoal havia séculos. O pão e o vinho eram parte regular das refeições diárias na época de Jesus e, naquela refeição, ele pegou esses elementos comuns e os usou para um propósito muito importante.

Depois de uma conversa interativa durante a refeição, Jesus tomou o pão e o partiu. O pão usado na refeição pascoal era sem fermento, ou seja, era plano, como um biscoito. Quando Jesus partiu o pão, este provavelmente se dividiu em dois pedaços irregulares. Ele segurou o pedaço partido de *matzá*, o nome hebraico do pão, na frente dos discípulos e disse o que imagino significar algo como: "Estão vendo essas pontas partidas? É assim que meu corpo ficará amanhã. Vocês não sentirão vontade de olhar para ele. Vocês não vão querer ir à cruz e testemunhar o que farão comigo. Será brutal. A maioria vai querer correr. Vocês terão desejo de se esconder. Entretanto, ao verem isso acontecer comigo, não quero que fiquem bravos com os soldados, nem que odeiem Pilatos pela brutalidade do que presenciarem. Não culpem os rabinos; não é por causa deles que tudo acontecerá. O que você verão será meu corpo partido por *vocês*. Estou fazendo isso por vocês. Confiem em mim agora; vocês compreenderão depois".

Então Jesus pegou o copo e disse algo do tipo: "Estão vendo este vinho? É vermelho escuro, como a cor do sangue, concordam? Saibam que amanhã vocês verão mais sangue do que imaginavam ser possível jorrar do corpo humano. Mas quando virem meu sangue ser derramado por vocês na cruz, quando meu lado for perfurado com uma lança, saibam que este é o sinal da nova aliança que faço com vocês. Eu morrerei, mas nunca os deixarei. Sei que é difícil entender agora; parece impossível. Mas vocês verão e um dia se lembrarão das palavras que lhes falo hoje. Na verdade, quero que se lembrem de mim e do que farei por vocês. Quero que saibam que sempre podem vir até mim, mesmo depois que eu me for".

Então Jesus disse aos discípulos algo muito interessante: "Façam isto em memória de mim". Eu lhe pergunto: o que Jesus quis dizer quando disse isso? O que os discípulos deveriam fazer? O que estavam fazendo enquanto Jesus conversava com eles e lhes dava uma lição de vida ilustrada? Estavam participando de uma refeição juntos. Que memória ele deseja que tenhamos? Esperança! Redenção! Não importa o que aconteça, ele é capaz de resolver; ele pode nos curar. Jesus quer que nos lembremos do que ele já proveu para nós.

Com que frequência Jesus quer que "façamos isto", em memória de sua redenção? Toda vez que participamos da ceia do Senhor, mensalmente na igreja? Creio que não. Ao estudar esta passagem no contexto do princípio da mesa, distribuído pelas páginas das Escrituras, penso que, quando Jesus segurou o pão e o vinho dizendo: "Façam isto em memória de mim", ele estava se referindo ao jantar. Em outras palavras, ele disse: "Sempre que vocês comerem pão e beberem vinho, lembrem-se de que esses elementos representam meu corpo e meu sangue, que eu dei para redimi-los". Com que frequência os discípulos de Jesus comiam pão e tomavam vinho? Todo dia, porque aqueles eram alimentos essenciais e servidos em todas as refeições. Sempre que nos assentamos à mesa, a despeito das circunstâncias, devemos lembrar que as coisas velhas se tornarão novas. Devemos lembrar que há redenção para tudo que vivenciamos de negativo. Cristo pode tornar novas todas as coisas.

Você consegue imaginar o que aconteceria em nossos lares se, toda vez que comermos uma refeição, formos para a mesa e fizermos uma oração redentora? Se toda vez que participarmos de uma refeição juntos, nos lembrarmos do sacrifício de Jesus e reconhecermos sua presença contínua e sobrenatural a nossa mesa? Pense em como as famílias e nossa vida seriam transformadas se, a cada vez que comermos pão e bebermos vinho — ou qualquer outro alimento comum em nossas refeições hoje — nos lembrarmos da presença redentora de Cristo!

> Você consegue imaginar o que aconteceria em nossos lares se, toda vez que comermos uma refeição, formos para a mesa e fizermos uma oração redentora?

ORAÇÕES À MESA

"Muito obrigado, Jesus, por este alimento. Que ele traga saúde para nosso corpo. Em nome de Jesus, amém." Vamos comer!

Esse é o tipo de oração que muitos cristãos fazem à mesa. Outros resumiram as orações à mesa para algo assim: "Deus é bom. A ele agradeçamos por este alimento". Conheço um pastor que, ao receber a Larry e a mim em sua casa para jantar, tentou ser engraçado e anunciou, à mesa: "Vamos comer. O alimento já está abençoado. Oramos por todas as sacolas do supermercado quando as trouxemos para casa!".

Não foi isso que o Senhor nos mandou fazer. Jesus disse que, sempre que nos reunirmos à mesa, quer que nos lembremos de seu plano de redenção, todos os dias de nossa vida. Toda vez que fizermos uma refeição, devemos reconhecer sua obra redentora por nós. Portanto, nossas orações à mesa devem, além de expressar gratidão pela provisão divina, conter uma mensagem de redenção. Nada de oração coletiva por todos os alimentos do supermercado, nem de dizer indiferentes: "Blá-blá-blá, obrigado pela comida!".

Não estou dizendo que nossas orações à mesa devem ser complicadas ou cheias de teologia. Caso seus filhos sejam pequenos, você pode fazer uma oração simples que contenha uma mensagem de redenção, por exemplo: "Querido Jesus, muito obrigado porque nos reunimos à mesa e sabendo que, quando erramos, podemos contar uns aos outros e o Senhor nos ajuda a agir melhor da próxima vez". Percebeu a mensagem redentora nessa oração simples? Agora imagine: se as crianças ouvirem esse tipo de conteúdo nas orações à mesa desde a época em que se sentam no cadeirão, elas aprenderão com muita naturalidade sobre o amor redentor de Deus em sua vida. Isso formará uma autoestima extraordinária e desenvolverá confiança com humildade. Nossos filhos aprenderão do amor de Deus à mesa da família antes mesmo de participarem da escola dominical!

> Jesus disse que, sempre que nos reunirmos à mesa, quer que nos lembremos de seu plano de redenção, todos os dias de nossa vida.

Sua oração à mesa sempre deve expressar gratidão pelo que Jesus fez por você na cruz, em vez de simplesmente agradecer pelo alimento. Lembre-se, o momento da refeição não diz respeito apenas ao alimento, porque "nem só de pão viverá o homem, mas de toda palavra que procede da boca de Deus" (Mt 4.4). Que suas orações sejam dignas do seu Deus. Embora o pão de cada dia que ele nos dá seja importante e devamos expressar gratidão por sua ampla provisão para nós, é muito mais importante que nossas orações à mesa reconheçam o propósito da cruz, o amor de Deus e sua presença redentora conosco quando nos assentamos para comer.

Aprendendo a orar à mesa

Quando eu era criança, nossa mesa familiar era posta para quatro e, muitas vezes, para mais pessoas. Papai sentava-se à cabeceira e mamãe, a sua direita. Meu irmão mais velho e eu costumávamos nos sentar à esquerda de papai, mas, às vezes, eu trocava de lugar e me sentava ao lado de mamãe. De um lado da mesa eu contemplava a vista da janela e, do outro, me enxergava no espelho que ficava na parede de nossa copa. Duas cadeiras extras sempre ficavam ali, e era fácil colocar mais dois pratos. As pessoas nos visitavam com frequência e, se estivéssemos comendo, sempre as convidávamos a se unir a nós.

Antes das refeições, papai anunciava: "Vamos orar". Ele não cresceu na igreja, então não seguia o que consideraríamos uma prática tradicional de "agradecer pela refeição". Ele não orava enquanto todos ouvíamos; em vez disso, todos faziam a própria oração ao mesmo tempo. E como eu sabia que a presença de Deus estava a nossa mesa, sentia muito temor e respeito pelo Senhor para chegar à mesa com o coração rebelde e orar. Sentar à mesa era algo que me ajudava a me certificar de que meu coração estava em paz com Deus.

Foi à mesa que eu aprendi a orar em voz alta. Todas as pessoas da família oravam alto, ao mesmo tempo — era um coro de orações proferidas juntas. Era uma forma incomum de orar à mesa e, até hoje, nunca vi ninguém mais orando desse jeito antes de comer. Nossas orações não eram decoradas, nem iguais a cada refeição. Papai gostava de se certificar de que conseguia ouvir todas as nossas orações ao fundo da que ele fazia. Às vezes, ele pedia a minha mãe, a Noel ou a mim para fazer a oração, e todos esperavam em silêncio até o fim.

À mesa de minha família, meu irmão e eu aprendemos a orar por causa da expressão do coração agradecido de nossos pais. Aprendemos a teologia básica do amor e da graça de Deus por meio das orações de nossos pais enquanto estávamos assentados à mesa. Nossas orações antes de comer sempre incluíam gratidão pela bondade de Deus, por sua salvação, pela orientação e direcionamento para nossa vida.

O ALTAR DA FAMÍLIA

Acredito que a mesa tenha potencial para se transformar no altar da família. É claro que não se trata de um lugar exclusivo, porque Deus deseja se encontrar conosco onde estamos, no momento em que clamamos a ele. Mas creio que existe uma presença sobrenatural em ação quando nos reunimos à mesa. Além de nosso corpo ser alimentado e nossas emoções, curadas, nossa alma também é nutrida à mesa. O Pão da Presença se encontra conosco ali. Tudo que precisamos fazer é preparar a comida!

> Acredito que a mesa tenha potencial para se transformar no altar da família.

A oração era muito importante para mamãe e papai. Meu pai era muito agradecido pela salvação e pela paz recém-encontrada em sua vida. Orávamos três vezes ao dia durante as refeições e todas as noites antes de dormir. Nós quatro terminávamos o dia indo para a sala orar. Papai se ajoelhava próximo a sua poltrona, mamãe perto de outra cadeira, meu irmão e eu junto ao sofá. Esse momento de oração era diferente de nossas preces à mesa. Nele, não conseguíamos ouvir uns aos outros. As orações eram mais particulares. Era nosso período de conversar com Deus e pedir perdão por qualquer coisa que houvéssemos feito de errado — ninguém mais precisava saber. Mesmo quando eu me esforçava para escutar, não conseguia entender o que mamãe, papai ou Noel falavam com Deus.

Quando nossa família tinha momentos de oração na sala, eu me distraía na maior parte do tempo. Não estou dizendo que eu nunca orava durante o "altar da família", como meus pais chamavam, mas, na maior parte do tempo, eu não conseguia me concentrar em minhas orações. É claro que nem mamãe nem papai sabiam disso, pois estavam ocupados orando do outro lado da sala. Minha distração durante aqueles momentos de oração não acontecia por rebelião ou resistência; eu apenas ficava fascinada com as cores na trama do tecido do sofá. Enquanto deveria estar orando em silêncio, eu ficava contando e criando fileiras e padrões de cores que não eram vistos à distância. Com a cabeça entre as mãos e os olhos a poucos centímetros do estofado, eu contemplava coisas que não pareciam existir de outra perspectiva. A trama do tecido parecia um caleidoscópio. Eu fitava meu próprio mundo de cores, formas e texturas, completamente alheia ao que deveria estar fazendo: orando. Depois de uns quinze minutos — um período bem longo para uma criança —, eu ouvia mamãe e papai se levantando. Quando sua voz baixinha silenciava, eu sabia que podia me levantar. Nós nos beijávamos e nos abraçávamos e partíamos para a cama.

Sabemos que a oração é eficaz e poderosa a qualquer momento e em qualquer lugar que oramos (Tg 5.16). Contudo, em minha experiência, nossa mesa era bem mais o altar da família do que o sofá. À mesa, eu não podia me esconder; precisava ser respeitosa e minha participação era necessária. Anos depois, quando eu era uma adolescente que queria seguir o próprio caminho e fazer as coisas a meu modo, era mais fácil fingir estar orando enquanto me ajoelhava em silêncio junto ao sofá do que fingir uma oração em voz alta à mesa. A presença do Senhor ao redor da mesa — o Pão da Presença — enternecia meu coração e me levava ao arrependimento. Minha independência e rebelião inicial não duraram muito. Após um tempo, passei a amar a oração tanto à mesa quanto ao sofá. Eu gostava de orar enquanto dirigia (de olhos abertos!) e à beira da cama. Orar à mesa assumiu um novo significado. Aceitando o convite de Jesus a todos nós em Apocalipse 3.20, ele batia, eu abria a porta e ele entrava para cear comigo.

Suas orações à mesa

Qualquer que seja a forma escolhida por sua família para orar à mesa, você deve escolher as próprias palavras. Lembre-se, as orações à mesa não precisam ser chiques, elaboradas ou ditas usando o português da Bíblia João Ferreira de Almeida (a menos que essa seja sua forma de falar!). As palavras devem ser apropriadas para as pessoas e as idades que compõem a mesa. Por exemplo, se você tem filhos pequenos e usar o termo *Redentor*, pode ser necessário explicar o que essa palavra significa. As conversas à mesa sempre consistem num diálogo, não num sermão. Use termos simples, reforçando a todo tempo a esperança da salvação e o amor de Deus na vida de sua família.

Quando eu oro ao redor da mesa com minha família, costumo falar mais ou menos assim: "Senhor Jesus, ao nos reunirmos em volta da mesa, queremos agradecer-te por tua presença em nossa vida. Que nunca nos esqueçamos de que tu és o Redentor e, a despeito do que aconteceu hoje, não há pecado que não possa ser perdoado. Por causa de teu amor por nós, entregamos tudo a ti. Somos gratos pelo alimento e por todas as tuas provisões. Muito obrigada. Nós te amamos. Em teu nome oramos, amém". Todos que conhecem meu esposo Larry sabem que as orações dele à mesa costumam ser mais breves do que as minhas. Orações curtas também são eficazes.

As orações à mesa podem ser mais significativas se incluírem uma mensagem redentora, ou seja, com conteúdo que lembre um aspecto da graça, da esperança de salvação, do perdão e do amor de Deus por causa do sacrifício de Cristo na cruz. Jesus disse que, em todas as refeições, devemos intencionalmente nos lembrar do propósito de seu corpo partido e de seu sangue derramado para nossa salvação.

Eu a incentivo a analisar com cuidado como você ora à mesa e a ser mais intencional na inclusão de esperança para sua família. Nas orações à mesa, você pode incluir o amor de Deus e sua disposição para perdoar.

Por exemplo, se você tem filhos pequenos ao redor da mesa, pode fazer uma prece simples como esta: "Querido Jesus, obrigada por amares nossa família e por este tempo que temos juntos. Ajuda-nos a sentir que tu estás bem pertinho de nós. Obrigada porque, se qualquer um de nós tiver feito algo de errado, tu nos perdoas se pedirmos. Ajuda-nos a sempre te agradar. Obrigada pela comida e conserva nossa saúde. Em nome de Jesus, amém".

> Eu a incentivo a analisar com cuidado como você ora à mesa e a ser mais intencional na inclusão de esperança para sua família.

Quando um adulto não cristão estiver à mesa, você pode orar assim: "Deus Pai, nós te agradecemos por teu filho Jesus Cristo em nossa vida, agradecemos pelo Espírito Santo que nos guia a dar honra a ti. Jesus, peço-te que todos sintamos tua presença à mesa enquanto compartilhamos este momento com nossos amigos. Que tua alegria esteja entre nós. Obrigada pelo

Excelentes conversas à mesa

AUMENTE O VOCABULÁRIO

Defina uma palavra à mesa e converse sobre a definição. Veja alguns exemplos de palavras que você pode incluir na lista:

- Redenção

- Amor

- Compromisso

- Transformação

Cada membro da família pode se revezar criando frases com a palavra. Faça algo divertido ou ensine valores por meio das frases criadas.

---

poder do teu amor e ajuda-nos a refletir teu amor aos outros. Em nome de Jesus, amém".

Quando houver parentes participando da refeição, você pode fazer uma oração semelhante a esta: "Senhor Jesus, somos muito agradecidos por nossa família. Estende tua bênção a cada pessoa ao redor desta mesa. Ajuda-nos a sempre sentir tua paz, teu amor e tua alegria uns com os outros. Obrigada porque todos podemos nos aproximar de ti com qualquer necessidade e tu redimes nossas falhas. Toda nossa família busca tua justiça em nossa vida. Comprometemo-nos a apoiar e incentivar uns aos outros. Abençoa o alimento e agradecemos por quem preparou a refeição. Em nome de Jesus, amém".

Essas ideias simples de oração servem para estimular seu pensamento sobre o conteúdo de suas orações à mesa. Em vez de repetir a mesma coisa toda vez que orar, escolha fazer uma prece de coração, para que todos ao redor da mesa compreendam aquilo que você diz.

A mesa é o lugar onde alimentamos o corpo, saramos as emoções e nutrimos a alma. Você se sente afastado de Deus? Deseja experimentar mais do poder sobrenatural do Senhor em sua vida e na vida de seus familiares? Então venha para a mesa! Quando reunimos nossa família em torno da mesa e a transformamos num altar, tenho a convicção de que a presença redentora de Jesus nos encontra ali de maneira poderosa e sobrenatural.

Reflexões à mesa

1. Por que os lares judeus e cristãos continuam a celebrar a refeição da Páscoa?
2. O que Jesus demonstrou a seus amigos quando partiu o pão e bebeu o vinho?
3. Quando Jesus disse: "façam isto em memória de mim" (Lc 22.19), a que ele estava se referindo? Com que frequência você se lembra de fazer isso?
4. Como a mesa pode se transformar no altar de sua família?
5. Escreva uma oração simples de redenção que uma criança em idade pré-escolar consiga entender.

PARTE 3

A mesa é um lugar de participação

8

Passe adiante

*Que todas estas palavras que hoje lhe ordeno estejam em seu coração.
Ensine-as com persistência a seus filhos. Converse sobre elas quando
estiver sentado em casa, quando estiver andando pelo caminho,
quando se deitar e quando se levantar.*

DEUTERONÔMIO 6.6-7

MINHA MÃE TEM 86 ANOS e é muito sadia e esperta. Ela pratica uma hora de bicicleta ergométrica por dia e consegue fazer mais abdominais do que eu. É uma mulher cheia de vida e de histórias. Mamãe mantém vivo o legado de nossa família conectando as gerações com suas histórias. Amamos ouvi-la contar sobre como era a vida antes de haver luz elétrica, água encanada, telefone e carros.

Uma de minhas histórias preferidas é quando mamãe conta sobre a experiência espiritual de seus pais. Sua mãe entregou a vida a Jesus numa fazenda de Oklahoma, enquanto participava de um reavivamento de três semanas. Dez anos depois, meu avô se uniu a ela na fé. Aos domingos, os vizinhos das fazendas próximas se reuniam para ouvir a vovó falar da Bíblia e da importância da Palavra de Deus para sua vida familiar. As reuniões mudavam de casa em casa e eles faziam o que chamam de reuniões de oração nas cabanas. Com o crescimento, o grupo passou a se reunir numa escola doméstica. Mais tarde, o lugar se transformou numa escola dominical e depois na primeira igreja da comunidade. Vovó dava os estudos da Bíblia todos os domingos, semana após semana. Meu irmão e eu adorávamos ouvir suas histórias e conhecíamos muito bem nossa herança espiritual.

Minha mãe, a segunda de cinco filhos, conta como se desenvolveu o relacionamento dela com a mãe. Todas as manhãs, ela se levantava cedo para ajudar vovó a preparar o café da manhã. A responsabilidade de mamãe era fazer biscoitos e colocar a mesa. Vovó fazia a carne e os ovos. Às vezes, elas também acrescentavam panquecas ou batatas ao cardápio. Enquanto as duas preparavam o desjejum, a irmã mais velha de minha mãe arrumava as camas e ajudava os mais novos a se vestirem para ir à escola. Todos se reuniam em volta da mesa para tomar o café da manhã juntos. A avó de minha mãe, que morava com eles, arrumava a cozinha depois que as crianças saíam para a aula.

Ao participar do preparo da refeição, mamãe criou um vínculo íntimo de confiança com minha avó. Quando se tornou adolescente, era na cozinha, de manhã cedinho, que ela contava à vovó seus segredos. Minha avó era sua confidente e ela sentia segurança de lhe contar tudo: quem voltava com ela da escola, de quem gostava e não gostava. Vovó ouvia, acrescentando toques de humor e sabedoria. Era natural para as duas conversar enquanto trabalhavam juntas na cozinha.

A PRÁTICA DOS MANDAMENTOS DE DEUS

Depois que Deus lhe entregou os Dez Mandamentos, Moisés instruiu o povo de Israel acerca da importância de ensinar aos filhos a prática dos mandamentos na vida cotidiana:

Ouça, ó Israel: O Senhor, o nosso Deus, é o único Senhor. Ame o Senhor, o seu Deus, de todo o seu coração, de toda a sua alma e de todas as suas forças. Que todas estas palavras que hoje lhe ordeno estejam em seu coração. Ensine-as com persistência a seus filhos. Converse sobre elas *quando estiver sentado em casa*, quando estiver andando pelo caminho, quando se deitar e quando se levantar.

Deuteronômio 6.4-7

As "palavras" que Moisés menciona nesta passagem são o que conhecemos como os Dez Mandamentos. Parafraseando o texto para que ele reflita nosso estilo de vida no século 21, Moisés está dizendo que os mandamentos de Deus edificam nosso caráter se falarmos sobre a bondade divina e aquilo que o agrada ao longo do dia, em especial quando chegarmos ao lar e *nos sentarmos em casa*. Qual é o lugar na casa em que a família se senta e conversa face a face? À mesa.

Os Dez Mandamentos são os valores de Deus para orientar nossa vida. Eles nos dizem o que fazer e o que não fazer. Se você parar e pensar, verá que os Dez Mandamentos lidam com três categorias muito práticas de relacionamentos: seu relacionamento com Deus, consigo mesma e com os outros.

O primeiro, o segundo e o terceiro mandamentos falam de nosso relacionamento com Deus:

1. "Não terás outros deuses além de mim" (Êx 20.3). Deus valoriza o compromisso.
2. "Não farás para ti nenhum ídolo" (Êx 20.4). Deus valoriza a autenticidade.

3. "Não tomarás em vão o nome do Senhor, o teu Deus" (Êx 20.7). Deus valoriza o respeito.

O quarto mandamento fala de nosso relacionamento com nós mesmos:

4. "Lembra-te do dia de sábado, para santificá-lo. Trabalharás seis dias e neles farás todos os teus trabalhos, mas o sétimo dia é o sábado dedicado ao Senhor, o teu Deus. Nesse dia não farás trabalho algum" (Êx 20.8-10). Deus valoriza o descanso.

Do quinto ao décimo mandamentos, encontramos instruções sobre nossos relacionamentos com as outras pessoas:

5. "Honra teu pai e tua mãe" (Êx 20.12). Deus valoriza os pais.
6. "Não matarás" (Êx 20.13). Deus valoriza a vida.
7. "Não adulterarás" (Êx 20.14). Deus valoriza o casamento.
8. "Não furtarás" (Êx 20.15). Deus valoriza a propriedade.
9. "Não darás falso testemunho [mentirás] contra o teu próximo" (Êx 20.16). Deus valoriza a honestidade.
10. "Não cobiçarás a casa do teu próximo [...] nem coisa alguma que lhe pertença" (Êx 20.17). Deus valoriza a individualidade.

Esses valores são a base para um bom caráter: fé em Deus, cuidado pessoal e respeito pelos outros. Era sobre essas coisas que minha mãe e minha avó conversavam enquanto preparavam juntas o café da manhã. Era sobre isso que mamãe e eu conversávamos enquanto eu a ajudava a preparar as refeições da família. E é sobre isso que Larry e eu falávamos com nossa filha e nosso filho. São os mesmos princípios que agora são transmitidos para os filhos deles.

Era à mesa que a maioria de nossas conversas significativas acontecia. A transmissão de valores e princípios, convicções e caráter não acontece quando apenas algumas refeições especiais são feitas com a família reunida durante o ano. Diálogos significativos, que fortalecem o caráter, devem acontecer regularmente durante uma vida de refeições compartilhadas.

> Diálogos significativos, que fortalecem o caráter, devem acontecer regularmente durante uma vida de refeições compartilhadas.

O DIÁLOGO FAZ A DIFERENÇA

Não faz muito tempo, Alix Spiegel, da emissora National Public Radio, analisou o que as pesquisas da última década têm a dizer sobre o jantar e seus desdobramentos para a família.[1] Ele teve acesso às descobertas das melhores universidades norte-americanas, como Harvard e Purdue, e descobriu que as famílias que fazem as refeições juntas se saem melhor em todos os aspectos do que as que não têm esse hábito. Os filhos têm melhor desempenho na escola e há menos probabilidade de se envolverem em hábitos prejudiciais, como fumar e beber, e de experimentarem drogas e sexo. Alix Spiegel perguntou ao dr. David Dickinson, professor de educação na Universidade Vanderbilt: "É o jantar em si que oferece algum tipo de proteção mágica ou existe algo mais em ação?".

O professor Dickinson fez um estudo sobre o jantar. Alguns anos atrás, ele e outros pesquisadores da Harvard queriam

Excelentes conversas à mesa

Junto com sua família, debata os valores dos Dez Mandamentos:

- Compromisso
- Autenticidade
- Respeito
- Descanso
- Pais
- Vida
- Casamento
- Propriedade
- Verdade
- Individualidade

descobrir por que algumas crianças aprendiam a ler rápido, enquanto outras ficavam para trás. Com esse propósito, decidiram analisar a rotina das famílias. Os pesquisadores gravaram refeições, mas também analisaram outras coisas, como a frequência que os pais liam para os filhos e brincavam com eles. Segundo Dickinson, o grupo iniciou a pesquisa com algumas expectativas muito firmes: eles esperavam que a leitura a uma criança desde cedo exerceria o maior impacto sobre a alfabetização. No entanto, declarou: "O que descobrimos foi que nossos dados sobre a qualidade dos diálogos durante as refeições era um indicador muito mais forte do desenvolvimento posterior da linguagem e do letramento da criança".[2]

Talvez você pense que a conclusão dessa pesquisa para aumentar o letramento no início da infância seria que as famílias devem jantar juntas e ler para as crianças desde que são novas.

Mas Dickinson revela que uma análise mais profunda do estudo sugere uma conclusão um pouco diferente. A verdade é que o *conteúdo* dos diálogos durante o jantar é importante. Ou seja, as crianças que se saíam bem não só jantavam com sua família, como também tinham uma conversa complexa, rica em explicações, histórias e debates enquanto comiam.

> As crianças que se saíam bem não só jantavam com sua família, como também tinham uma conversa complexa, rica em explicações, histórias e debates.

Não surpreende que as Escrituras nos instruam a conversar regularmente com nossos filhos sobre o amor de Deus, nosso relacionamento com os outros e sobre como somos valiosos uns para os outros.

O CARÁTER SE DESENVOLVE À MESA

A mesa é um lugar onde podemos educar nossos filhos. Embora não queiramos que as refeições se transformem numa sala de aula rígida, as conversas à mesa podem desenvolver o caráter e a habilidade de aprender por meio de interações naturais e positivas.

O momento do jantar é uma ótima oportunidade para encorajar e edificar uns aos outros. Isso se faz por meio de comentários afirmativos sobre as histórias que os outros contam, com elogios pelo comportamento, pela participação e pela cortesia. Parabenize seus filhos quando eles tiverem boas maneiras. Essa é uma forma de reforçar o comportamento positivo sem corrigi-los o tempo inteiro pelo comportamento ruim. Quando você diz: "Gostei de como você está sentado com ótima postura!", pode levar outra criança que está curvada a se endireitar. Às vezes, melhorar a sua postura sem dizer nada motivará os outros a se sentarem eretos. Todos se sentem melhor acerca de si mesmos num ambiente positivo.

As boas maneiras nada mais são do que regras de gentileza e consideração pelos outros. Falar com a boca cheia não é cortês com aqueles que precisam olhar para você. Mastigar de boca fechada ajuda a impedir que a pessoa se engasgue. Quando entendemos o motivo por trás de uma instrução,

> O momento do jantar é uma ótima oportunidade para encorajar e edificar uns aos outros.

fica mais fácil colocar em prática o comportamento adequado. Quando o alimento é passado de um para o outro na mesa, os membros da família aprendem a dividir. Pegam apenas o suficiente para si, deixando para os outros. Revezar-se para falar e não interromper são atitudes que demonstram respeito pelas pessoas. Permanecer à mesa até todos terminarem e serem dispensados reforça a paciência e o respeito. Esses são apenas alguns exemplos de como o caráter é desenvolvido durante a experiência da refeição.

O salmo 128 menciona algumas das muitas bênçãos que recebem aqueles que temem o Senhor e andam em seus caminhos. No versículo 3, o salmista diz: "Seus filhos serão como brotos de oliveira ao redor da sua mesa". Por que Davi disse que nossos filhos seriam como brotos de oliveira *ao redor de nossa mesa*? Penso que é porque as oliveiras podem permanecer fortes por séculos; nenhuma tempestade da vida é capaz de derrubar uma oliveira madura, uma vez que suas raízes são muito profundas. Ao visitar o jardim do Getsêmani em Israel muito anos atrás, vi oliveiras que estão ali há centenas de anos.

O mesmo ocorre com quem tem um caráter sólido. Não existe tempestade na vida que os filhos que cresceram em volta da mesa com o Pão da Presença e com conversas positivas, cheias de graça, não conseguem suportar. Quando se tornam adultos, por mais que tenham experiências difíceis, elas não os derrubarão, pois eles têm raízes profundas e um caráter pronto para perseverar.

Em Mateus 13.1-23, Jesus conta uma história para demonstrar a importância de nosso caráter. Nela, há um semeador, algumas sementes e vários tipos de solo. O semeador é Jesus; a semente, seus princípios; e o solo, o coração das pessoas. Ele diz que, quando a semente (os princípios que ele ensina) é lançada em solo rochoso, ela não se aprofunda, pois o solo é superficial. Embora essa pessoa fique empolgada com as novas verdades da Palavra, quando depara com uma tempestade da vida, os princípios que conheceu se secam e ela volta para os hábitos antigos. Jesus explica que esse indivíduo desmorona porque "não tem raiz em si mesmo" (v. 21). Em outras palavras, trata-se de alguém sem profundidade de caráter.

Por isso é tão essencial construir um bom caráter em nossa vida e na de nossa família. Dessa maneira, quando ouvirmos a Palavra de Deus, seremos capazes de captá-la, compreendê--la, e os princípios divinos crescerão na profundidade de nosso caráter, moldando nosso coração. Não seremos derrubados por provações ou tentações, porque nossas raízes são profundas, com caráter sólido.

Molde o caráter com boas conversas

Uma maneira de incentivar o diálogo à mesa com sua família é escolher um tema para cada refeição. Por exemplo:

- Segunda-feira: conversem sobre comida — sua origem, como é cultivada, seu valor nutricional.

- Terça-feira: levem um desenho para a mesa e pensem em legendas criativas.
- Quarta-feira: conversem sobre o dia.
- Quinta-feira: qual pessoa famosa você gostaria de convidar para jantar e por quê?
- Sexta-feira: brinquem de "complete a frase". Se você levar a família para um restaurante, essa é uma ótima maneira de começar uma conversa em público e praticar boas maneiras.
- Sábado: encontrem um assunto num jornal ou revista atual e levem para debater à mesa.
- Domingo: falem sobre um dos assuntos do sermão ou sobre a lição da escola dominical. Esta é uma ótima refeição para partilhar com outra pessoa. Levem uma família para casa depois do culto. Pode ser uma boa hora para fazer uma mesa das crianças próxima à dos adultos e deixar seus filhos livres para curtirem os amigos.

Mamãe moldou meu caráter por meio da participação

Durante minha infância, mamãe tinha o costume de citar este versículo para mim: "A mulher sábia edifica a sua casa, mas com as próprias mãos a insensata derruba a sua" (Pv 14.1). Esse provérbio explica a importância da sabedoria para moldar a vida daqueles que moram em nosso lar.

Minha mãe é uma mulher sábia de verdade. Ela conta a história do momento em que ouviu aquilo que acreditou ser a voz do Senhor lhe dizendo: "Se você não estivesse aqui, já teria dado a Devi tudo de que ela precisa para ser uma administradora eficaz do lar?". Eu só tinha 12 anos. Mamãe pensou que aquele poderia ser um aviso de que ela não viveria muito tempo. Levando a impressão a sério, começou a solicitar minha participação em todas as tarefas domésticas. Ela não me colocava para realizar tudo sozinha, mas me mostrava como fazer e eu trabalhava ao lado dela. Mamãe estava me preparando para o futuro.

Quando ela cozinhava, eu a ajudava. Por uma época, ela fazia tortas todos os dias para um restaurante. Ninguém faz tortas como minha mãe, mas, depois de aprender com ela, eu fico em segundo, quase empatando. Ela dizia: "Devi, para grudar o topo da torta com a parte de baixo, você precisa umedecer a massa. Venha aqui, molhe o dedo e passe nas beiradas". Então eu seguia sua orientação. Em seguida, ela me instruía a ligar o forno a 200 graus por quinze minutos para assar a parte debaixo da crosta e depois diminuir para 180 graus a fim de assar o resto. Mamãe sempre me dizia o que fazer e o motivo para fazer daquele jeito. Mostrava-me e depois me deixava fazer sozinha, elogiando a tentativa.

Quando chegava a hora de arrumar a mesa, mamãe me orientava a usar os pratos mais bonitos. Eu podia escolher quais queria para a refeição. Isso abriu espaço para minha criatividade e responsabilidade de tomar decisões. Quando a mesa estava posta, eu me sentia muito realizada! Brincávamos e cantávamos enquanto trabalhávamos. Poucas vezes eu era deixada trabalhando sozinha.

Minha mãe ajudava minha avó, eu ajudei minha mãe, minha filha me ajudou e as filhas dela a ajudaram. Agora, Sofia, minha bisneta, está ajudando a mãe aos 2 anos de idade. As filhas de nosso filho também ajudam a mãe. As bênçãos de cada geração são passadas adiante. Deus instruiu Moisés a escolher a vida para que pudesse viver, junto com seus descendentes, amando ao Senhor, seu Deus, obedecendo à sua voz e se apegando a ele (Dt 30.19-20).

Em nossa família, essa bênção das gerações começou a ser transmitida enquanto minha mãe fazia biscoitos com vovó bem cedinho, a cada manhã.

UM LUGAR PARA EDIFICAR, NÃO PARA DERRUBAR

Não é só comer à mesa que faz a diferença; o importante é comer à mesa na presença da graça. A graça que enxerga além do leite derramado. O comentário de minha mãe sempre que deixávamos cair leite era: "Não chore pelo leite derramado". E acrescentava: "Só limpe a bagunça". Mamãe estava ensinando uma lição de vida para nós num momento em que poderíamos ser repreendidos e envergonhados. Em vez de gritar conosco e ficar impaciente por termos feito uma bagunça, fosse resultado de descuido ou de acidente, ela nos ensinava a tirar o melhor da situação e a seguir em frente. Ensinava que não podíamos mudar o que acabara de acontecer, mas era possível fazer uma tentativa de consertar as coisas, limpando a sujeira. Essa instrução simples moldou nosso caráter.

> Não é só comer à mesa que faz a diferença; o importante é comer à mesa na presença da graça.

É muito prejudicial para o coração humano envergonhar uma pessoa. "O que você fez?" "Por que você fez isso?" "Não acredito que você fez isso. Eu falei para tomar cuidado!" Esse tipo de frase faz a pessoa se sentir sem valor. Em vez disso, a Bíblia nos instrui a dizer palavras cheias de graça, que é um favor não merecido (Cl 4.6). Devemos demonstrar graça aos outros ao longo de toda a refeição, não só "dar graças" antes de começar a comer. Quando alguém disser algo inapropriado à mesa, estenda graça. Quando o comportamento de seus filhos sair do previsto, estenda graça.

Às vezes, quando estamos com pressa, quando o dia foi desafiador e frenético, quando sentar-se para comer em paz parece impossível, entrar na cozinha e acender uma vela é algo que me ajuda. A serenidade da chama trêmula e a fragrância suave me ajudam a ficar tranquila. Talvez palavras duras e impacientes foram proferidas e exista tensão entre os membros da família. Não é hora de cancelar os planos de jantar e passar num *drive-through*. É o momento de arrumar a mesa, mesmo que você compre comida fora ou peça *pizza*. Isso lhe dá tempo para renovar o coração, criar uma atmosfera que restaura as palavras rudes e as substitui por palavras de incentivo. A humilde confissão "desculpe-me por ter sido tão mal-humorada" pode levar redenção ao coração de seus familiares à mesa e lhes dará coragem para pedir desculpas quando estiverem errados.

QUANDO A HORA DE COMER NÃO É DIVERTIDA: DESOBEDIÊNCIA À MESA

O que fazer quando os filhos desobedecem à mesa? E aqueles momentos em que eles realmente precisam de correção e disciplina? O tipo de desobediência e inquietação que as crianças provocam à mesa varia dependendo da idade. Preciso dizer que, se você estiver colocando esses novos valores em prática com crianças mais velhas, que ainda não aprenderam a se assentar direito à mesa e a interagir com consideração pelos outros, as coisas não irão mudar de uma hora para a outra. Os momentos à mesa provavelmente serão menos pacíficos a princípio do que depois de um tempo. O segredo é ser consistente e tornar o período à mesa o mais divertido possível. Tente não ser rígida. Não é hora para todos ficarem assentados imóveis e em silêncio. É o momento para os membros da família falarem e darem a vez ao outro.

Caso aconteça alguma desobediência que exija instrução e correção, diga a seu filho que você cuidará do caso assim que o jantar terminar. Não se esqueça da promessa e lide com o problema de comportamento depois de comer! Deixe-os saber que, ao interromperem o tempo da família em volta da mesa, não terão permissão para ser dispensados do jantar; isso também não impedirá o restante da família de aproveitar o tempo juntos.

Não me lembro de ter sido mandada embora da mesa durante o jantar. Larry e eu também não expulsávamos nossos filhos quando eles se comportavam mal. Em vez disso, prometíamos discutir o que havia acontecido depois do jantar — fosse uma palavra rude de Trina para o irmão ou um chute de Aaron em Trina debaixo da mesa. E nunca nos esquecíamos do que havíamos prometido.

Se uma criança pequena for extremamente agressiva e fizer pirraça à mesa, desafiando sua autoridade, você pode tirá-la da mesa, levá-la para um lugar particular da casa e lidar com o problema. Então ambos devem voltar para a mesa. Faça o que fizer, não mande a criança para o quarto deixando-a sem fazer a refeição como castigo. Não use a mesa como um lugar que seus filhos associem com punição. A mesa sempre deve ser vista como um espaço feliz de interação, receptividade e aceitação.

> A mesa sempre deve ser vista como um espaço feliz de interação, receptividade e aceitação.

Pontos de partida para o diálogo

Quando você se senta à mesa, a conversa com a família pode ser como a arte. Você inicia com uma tela em branco e uma pincelada leva à outra. Às vezes, o artista sabe como quer que o quadro fique e, em outras ocasiões, a pintura evolui para algo inesperado. É possível aprender uma boa habilidade de conversar, mas poucos a temos. Sim, algumas pessoas são naturalmente extrovertidas e tagarelas, mas isso não quer dizer que sabem incentivar os outros a conversar com elas. Conversar à mesa pode ser uma ótima maneira de penetrar mais fundo nos pensamentos, nas experiências e nas opiniões de outra pessoa, ou apenas de falar dos acontecimentos do dia. O que não devemos fazer à mesa é legislar e controlar cada minuto da conversa, impedindo a espontaneidade. Em alguns aspectos, é como um exercício de equilíbrio. Assim como o artista pintando a tela, algumas pinceladas são detalhadas e precisas, com cor concentrada; já outras são feitas à mão livre, por acaso, criando nuances de tom pastel.

A boa capacidade de comunicação é importante em todos os aspectos de nossas experiências diárias. Há pouco tempo, um casal saiu para jantar com o chefe do marido e a esposa dele. A mulher conhecera casualmente o patrão, mas não a esposa. Ciente de que as duas famílias tinham valores cristãos, logo depois que se sentaram e fizeram o pedido, ela disse: "Conte-me sobre sua história de salvação". Uau! Que ótimo ponto de partida para um diálogo! A conversa revelou o estilo de vida antes do compromisso com Cristo, os acontecimentos que levaram à entrega da vida a Jesus e a gratidão profunda pela caminhada diária ao lado de Jesus e por sua bênção nos negócios. Não foi uma conversa esquisita, mas, sim, edificante, e os quatro passaram a se conhecer de maneira mais profunda do que se nenhuma pergunta houvesse sido feita.

Criei uma lista de bons pontos de partida para o diálogo, a fim de levá-la a pensar sobre maneiras criativas e discretas de iniciar conversas que geram reações interessantes à mesa. Não anuncie o que você fará, apenas faça a pergunta interessante e veja como as coisas evoluem. Tente fazer outra pergunta mais tarde, caso as pessoas à mesa pareçam desconectadas. Não aja de maneira forçada. Seja intencional em ajudar seus filhos ou amigos a desenvolverem a habilidade de conversar.

Tente alguns dos pontos de partida para o diálogo abaixo e depois invente os próprios. Lembre-se de que não é momento de ensinar, mas, sim, de conversar. Faça perguntas apropriadas à idade dos que estiverem à mesa. Você pode pedir a seus filhos que façam uma pergunta para a família, deixando-os tomar a iniciativa do diálogo. Você pode se surpreender com o tipo de pintura que eles criarão na tela das conversas à mesa.

1. Qual é seu maior sonho?
2. Qual é seu maior medo?
3. O que significa ser popular para você?
4. O que faz você sorrir?
5. Que erro lhe ensinou a maior lição?
6. Qual foi o dia mais feliz de sua vida?
7. Como você acha que o céu será?
8. Como você definiria a palavra *rico*?
9. Como você se sentiria se alguém fizesse uma festa surpresa para você?
10. O que você gosta de fazer em seu tempo livre?
11. Como Deus tem demonstrado amor por você?

12. Fale sobre seu professor preferido.

13. Conte uma história sobre um de seus avós.

14. Conte-me sobre sua experiência de salvação.

15. Qual é sua memória preferida ligada à igreja?

16. Defina *sucesso*.

17. Fale de uma ocasião em que você ficou bravo.

18. Quem é Deus para você?

19. Qual é a primeira coisa que você faria se ganhasse mil reais?

20. Se você pudesse mudar de nome, qual escolheria?

Passe as bênçãos, por favor!

Deuteronômio 7.9 diz: "Saibam, portanto, que o Senhor, o seu Deus, é Deus; ele é o Deus fiel, que mantém a aliança e a bondade por mil gerações daqueles que o amam e obedecem aos seus mandamentos". É maravilhoso saber que Deus prometeu passar as bênçãos para nossa próxima geração.

> Deus prometeu passar as bênçãos para nossa próxima geração.

Talvez você seja a primeira geração de cristãos em sua família. Se esse for o caso, você tem a oportunidade de criar novas práticas e tradições familiares que incentivarão a próxima geração a se unir a você no amor sincero a Deus. Seu amor por ele será passado adiante.

É possível que você seja como eu e tenha o privilégio de andar na verdade e no caráter piedoso que lhe foi transmitido por gerações passadas que amavam a Deus de todo o coração e a educaram dessa forma. Eu não quero ser a geração que deixa de passar a bênção por viver de maneira descuidada. Ao arrumar a mesa e falar sobre os caminhos de Deus (não pregar sobre isso) quando nos levantamos, tomamos café da manhã, vamos para o trabalho ou a escola, voltamos para casa, fazemos a lição, preparamos jantar e assistimos à televisão, certamente receberemos as bênçãos de Deus, e a próxima geração será abençoada com sua bondade como ele prometeu. Foi isso que meus pais fizeram e as ações deles tornaram Deus real para mim. À medida que o amor divino me era demonstrado dia após dia, eu participava de seus caminhos junto com minha mãe e meu pai. Os caminhos do Senhor se tornaram os meus caminhos. E podem se tornar os de sua família também.

Reflexões à mesa

1. Faça uma lista de valores que você gostaria de passar adiante para seus filhos.

2. Invente uma maneira prática de debater esses valores. Mantenha a naturalidade.

3. Segundo as pesquisas, qual é o indicador mais forte de bom desenvolvimento da alfabetização de crianças?

4. Cite três atributos do caráter que podem ser desenvolvidos enquanto se come à mesa.

5. Defina *graça* e ilustre como ela pode ser experimentada à mesa.

9

Relacionamentos renovados

"Vamos fazer uma festa e alegrar-nos.
Pois este meu filho estava morto e voltou à vida;
estava perdido e foi achado."

Lucas 15.23-24

Sentei no chão da sala a um metro e meio da televisão, assistindo a nossa versão local do programa *American Bandstand*, conhecido como *Record Hop*.[1] Todas as terças à noite, o popular programa de dança começava com líderes de torcida de escolas da região. Os dançarinos contavam com alunos da escola. Naquela noite, meu colégio estava sob os holofotes. As líderes de torcida e as moças segurando pompons, vestidas com um uniforme preto, laranja e branco, marcharam para seus lugares ao som do grupo de percussão. Os movimentos eram sincronizados e eu conhecia cada passo, cada pirueta, cada rodopio. Eu sabia o nome de cada menina. Assisti como se estivesse lá. Lágrimas rolavam pelo meu rosto porque eu queria muito estar participando! Eu sabia que os movimentos precisaram ser ajustados porque uma garota estava faltando. Essa garota era eu.

Meus pais não me deixavam participar dos bailes da escola; por isso, não me permitiram fazer a apresentação naquele programa de dança ao vivo. Eles eram sinceros ao restringir minhas atividades e escolhas, mas, aos 14 anos, não consegui entender plenamente o amor e a proteção que estavam me estendendo.

Nos meses seguintes, tomei algumas decisões sem o conhecimento de meus pais, porque não achava que aqueles adultos ultrapassados entendiam alguma coisa sobre a juventude da minha geração.

Fiz planos secretos de ir a bailes e de fazer outras coisas que meus pais não aprovariam. Lembro-me vividamente da noite em que planejei escapar do quarto para ir com uma turma mais velha que eu mal conhecia a uma cidade vizinha passear pela rua principal. Um amigo do meu irmão mais velho e um colega dele estavam passando uns dias em casa, vindos da faculdade, e eles nos levariam naquela noite. Meus amigos já haviam me convidado para fazer esse passeio muitas vezes, mas a maioria sabia que eu não tinha permissão para ir, então eles iam sem mim. Finalmente, dessa vez, eu iria junto.

Tudo estava planejado. Meus amigos e eu combinamos que, se a luz de meu quarto estivesse acesa, seria um sinal de que não era seguro eu sair pela janela, porque mamãe e papai ainda estavam acordados. Se a luz estivesse apagada quando eles passassem de carro, era sinal para esperarem enquanto eu saía pela janela, pois minha mãe e meu pai já estariam dormindo pesado.

Na escola, naquele dia, eu estava muito empolgada por finalmente ter aquela experiência. Meus amigos e eu conversamos sobre o assunto, planejando e tecendo estratégias. Eu estava com frio na barriga e nó na garganta — frio na barriga de empolgação e nó na garganta de medo e culpa. Havia um conflito em meu coração. Eu sentia vontade de me divertir, mas não queria fazer nada errado. Sabia que não era possível fazer ambos.

Mamãe preparou o jantar como de costume naquela noite. Eu não estava com vontade de comer, mas ela insistiu que eu me sentasse à mesa. Fiquei quieta durante o jantar e papai me perguntou se estava tudo bem. Garanti que tudo estava ótimo, só me sentia meio mal. Lembro-me de ficar pensando em como meus pais eram maravilhosos e no quanto eu os amava. Sabia que, se eles descobrissem o que eu estava planejando, ficariam magoados. Lá no fundo, eu não queria chateá-los.

Não sei qual foi o assunto de nossa conversa à mesa naquela noite. Sei que meu irmão estava no último ano do ensino médio e participava de todos os esportes. Papai era um grande fã de esportes, por isso nossos diálogos à mesa costumavam girar em torno dos jogos de Noel naquele ano letivo. Não era incomum outros jogadores de futebol americano jantarem em nossa casa antes de um jogo, e sempre íamos às partidas, fosse em nossa escola ou na casa do time adversário. Eu era líder de torcida durante os jogos de meu irmão. Sentia grande orgulho de ser irmã dele e não queria desapontá-lo.

À mesa naquela noite, eu me sentia como duas pessoas: a irmãzinha caçula de um rapaz que eu amava e a adolescente de coração selvagem que queria se divertir. Como ser as duas? Eu fugiria pela janela às onze da noite para voltar às duas da manhã ou ficaria em casa? Não é de se espantar que meu apetite tenha ido embora. Era muita coisa para uma mocinha decidir!

Conforme planejado, meus pais se deitaram no horário de costume e estavam num sono profundo. Fui para o quarto e fingi estar indo dormir. Depois de ter certeza de que eles estavam dormindo, levantei, me vesti e dei continuidade a meu plano. Com as luzes do quarto apagadas, às 22h55, fiquei perto da janela esperando o carro aparecer na estrada ao lado da cerca branca de nossa casa. Com a bolsa em mãos, estava pronta para minha primeira noite de diversão na rua! Vi os faróis se aproximando e virando perto da cerca. Congelei. Meus pensamentos foram: "Não posso fazer isso. Minha mãe e meu pai me amam demais. Não posso fazer isso com eles. O que pensarão de mim se eu for pega?". Meu coração estava acelerado. O carro lá fora continuava parado, esperando por mim. O plano estava funcionando, com exceção de algo inesperado: eu me lembrei do jantar.

O riso em volta da mesa de jantar naquela noite, os olhares amorosos, os planos para o dia seguinte — tudo me veio à mente. "Depois de hoje, como serão os jantares para mim?", perguntei a mim mesma. Eu não sabia qual era a resposta; só sabia que não poderia fazer aquilo. Fui até a porta do quarto, em vez de me dirigir à janela já aberta, e acendi a luz. Para meus amigos, isso significava que sair não era seguro para mim. Eles foram embora.

Minha vida poderia ter tomado um rumo muito diferente com as consequências daquela noite. E se eu não tivesse me sentado com a família à mesa para jantar? Acender o interruptor foi uma das decisões mais importantes que já tomei. Fazer o jantar foi a decisão importante de minha mãe naquela noite.

Aquela foi a última tentação do tipo que tive durante o ensino médio. Pouco depois, entreguei minha vida a Cristo e comecei a tomar decisões que agradavam a ele e a meus pais. Meu relacionamento interior foi renovado com minha família à mesa. Naquela noite, o conflito dentro de mim começou a se resolver. E a propósito, anos depois, meus pais disseram que se arrependeram de não terem me deixado ir ao programa de televisão com a equipe de líderes de torcida. Eu já os havia perdoado.

UM LUGAR DE RESTAURAÇÃO

Nenhuma experiência de vida substitui o vínculo e a significância criados ao se comer juntos à mesa. Seja jovem, seja velha, quando uma pessoa passa por trauma, tentação ou embaraço, um convite para a mesa a leva a se sentir valorizada e seu senso de valor é restaurado.

Você já se pegou fazendo algo impensável? Presa numa circunstância inesperada, você contou uma mentira que não planejava ou disse coisas das quais se arrepende. Você reagiu em dissonância com seus valores pessoais e com quem você é de verdade. É extraordinário saber que, não importa o que você enfrente durante o dia — uma briga feia com um colega de trabalho, um desentendimento com o cônjuge, uma explosão de impaciência com os filhos — existe graça à mesa quando você se junta a sua família para jantar. Você pode até já ter orado e se arrependido enquanto voltava para casa, mas, ao sentar à mesa, sabe que o Pão da Presença restaurará sua vergonha e seu arrependimento pela falta de autocontrole e isso lhe proporciona grande alívio. O amor e a afirmação dos membros de sua família lhe dão coragem para enfrentar o amanhã com dignidade.

> Nenhuma experiência de vida substitui o vínculo e a significância criados ao se comer juntos à mesa.

Deixe-me compartilhar três exemplos bíblicos de pessoas cujos relacionamentos foram restaurados ao dividirem uma refeição.

Pedro

Na noite em que Jesus foi preso, o apóstolo Pedro fez algo impensável! Quando uma jovem serva apontou para Pedro e disse que ele era um dos homens que andavam com Jesus, o discípulo negou até mesmo conhecer o Mestre. Respondeu: "Não sei do que você está falando" (Mt 26.69-70). Isso aconteceu três vezes, e cada vez que alguém identificava Pedro como amigo de Jesus, ele discordava com veemência. Quando uma pessoa afirmou: "Certamente você é um deles! O seu modo de falar o denuncia", Pedro ficou tão bravo que a xingou e mentiu agressivamente de novo (v. 73-74). Naquele momento, um galo cantou e Pedro se lembrou das palavras de Jesus. "Saindo dali, chorou amargamente", cheio de vergonha por ter negado seu Salvador e Senhor (v. 75).

Felizmente, porém, a história não termina assim. João 21 conta que Jesus apareceu a Pedro e restaurou o relacionamento entre ambos durante uma refeição que fizeram juntos. Depois da crucificação de Jesus, Pedro voltou para a Galileia e estava num barco pescando quando ele e seus amigos ouviram um homem chamando da praia, perguntando se eles haviam pegado algum peixe. Responderam que passaram a noite pescando, mas as redes estavam vazias. O homem lhes disse para jogar a rede do outro lado do barco e ela voltaria cheia de peixes.

Imediatamente, Pedro e seus amigos reconheceram que o homem na praia era ninguém menos que seu Senhor, que havia morrido na cruz, fora sepultado e agora estava vivo outra vez! Quando Pedro reconheceu a voz de Jesus chamando da praia, ficou tão entusiasmado que pulou na água e nadou para a margem enquanto os outros levavam o barco para o estaleiro.

O que Jesus estava fazendo na praia enquanto esperava os outros ancorarem o barco? Preparando o desjejum: peixe e pão (Jo 21.9). Em seus últimos dias na terra, Jesus deu a Pedro, que devia estar se sentindo assolado pela vergonha, uma oportunidade para conversar enquanto partiam o pão juntos. Depois do café da manhã, Jesus perguntou se Pedro o amava. Nem imagino como Pedro se sentiu. Ele fizera o impensável e fora pego! Ali estava Pedro, face a face com um amigo amoroso que o procurara e lhe preparara café da manhã, a fim de que tivessem uma conversa muito importante.

Jesus escolheu as perguntas certas com muito cuidado, levando Pedro a se abrir. Ele simplesmente perguntou: "Pedro, você me ama?". O discípulo teve, assim, a oportunidade de dizer o que se passava em seu coração. Que ato de graça Jesus demonstrou ao preparar o desjejum e conversar com Pedro!

Observe que Jesus não falou do fracasso de Pedro, nem tentou fazer o discípulo se sentir mal pelo que havia feito. Jesus não o interrogou, perguntando por que ele havia mentido. E o mais importante: Jesus não o lembrou de que estivera certo o tempo inteiro. Afinal, na última ceia, ele havia advertido que Pedro o negaria (Mt 26.34) e poderia muito bem ter dito: "Está vendo, eu já sabia!".

> Em seus últimos dias na terra, Jesus deu a Pedro, que devia estar se sentindo assolado pela vergonha, uma oportunidade para conversar enquanto partiam o pão juntos.

Estar juntos, face a face, repartindo uma refeição pode remover a culpa e a vergonha de termos feito algo de que nos arrependemos profundamente. Jesus estendeu a Pedro um favor que ele não merecia ao lhe preparar o desjejum. Isso sim é que é graça maravilhosa!

Rei Davi

O rei Davi é outro exemplo bíblico de alguém que foi restaurado à mesa. Como vimos no capítulo 6, Davi fala de seu relacionamento com o Bom Pastor no salmo 23. Nos três primeiros versículos do salmo, ele recorda o que o Bom Pastor fez em sua vida e identifica quatro elementos que Deus usa para moldar seu caráter:

- *"[Ele] me faz"* (v. 2) — Deus disciplinava Davi.
- *"[Ele] me conduz"* (v. 2) — Deus era o padrão e o exemplo para Davi seguir.
- *"Restaura-me"* (v. 3) — Deus incentivava Davi e sempre lhe dava outra oportunidade.
- *"Guia-me"* (v. 3) — Deus ensinava seus princípios a Davi.

Essas interações de disciplina, exemplo, incentivo e instrução prepararam Davi para se tornar um grande líder no reino de Deus. Assim como a vontade do Senhor era restaurar Davi, ele deseja restaurar cada um de nós quando falhamos.

Davi diz: "Preparas-me uma mesa na presença dos meus adversários, unges-me a cabeça com óleo; o meu cálice transborda" (RA). Uma vez que as ações nesse versículo são separadas por ponto e vírgula, não por ponto final, presumo que o Pastor preparou uma mesa para Davi na presença de seus inimigos e lhe ungiu a cabeça com óleo enquanto ele estava à mesa! Davi foi restaurado da vergonha do fracasso e incentivado por Deus à mesa. Ali, Deus lhe deu poder para enfrentar os adversários com sua unção. Ele ganhou nova confiança. Foi restaurado, sentiu-se mais forte e mais capaz do que nunca. Além disso, seu cálice transbordou com a segurança e a identidade renovadas, não segurança em si mesmo e nas próprias habilidades, mas na pessoa que o Pastor o estava moldando para ser.

Davi conclui: "Sei que a bondade e a fidelidade me acompanharão todos os dias da minha vida, e voltarei à casa do Senhor enquanto eu viver" (v. 6). Por causa de seu relacionamento com o Bom Pastor, Davi foi restaurado na presença de seus inimigos, tornando-se um homem sensível, de caráter forte, paixão profunda e desejo espiritual.

Creio que o salmo 23 é um ótimo guia para pais, líderes em formação e todo aquele que deseja desenvolver o caráter. Ele apresenta as características necessárias para moldar o caráter e cultivar o desejo espiritual daqueles a quem lideramos. Esses princípios geram o potencial para a restauração que pode ocorrer no coração de uma pessoa quando preparamos a mesa para ela. O coração e a vida voltam a transbordar de alegria e satisfação, recebendo um novo destino.

Joaquim

Em 2Reis 24.8-15, lemos a história do rei adolescente de Judá chamado Joaquim, que também experimentou a restauração à mesa. Após reinar por apenas três meses, o jovem monarca sofreu uma derrota devastadora, rendeu-se a Nabucodonosor e foi levado cativo para a Babilônia. Durante quase quatro décadas, Joaquim definhou na prisão naquela terra.

Joaquim fizera o que era mau em seu breve reinado sobre Judá, e Deus permitiu que Nabucodonosor vencesse a nação e aprisionasse Joaquim por décadas. Trinta e sete anos depois, levantou-se um novo rei da Babilônia, que libertou Joaquim da prisão. "Assim, Joaquim deixou suas vestes de prisão e pelo resto de sua vida comeu à mesa do rei" (2Rs 25.29). A honra e a dignidade de Joaquim foram restauradas quando ele passou a ser incluído à mesa do rei. O ato sincero do monarca de restaurar Joaquim e levá-lo para sua mesa deu a este a oportunidade de sentir a graça e o perdão de Deus e lhe concedeu valor aos olhos do rei.

Essa história bíblica me lembra do dia em que Larry iria até a prisão buscar um homem que ficara preso por treze anos por agressão e estupro. Ele tiraria suas roupas de prisioneiro naquele dia, e Larry e eu havíamos concordado em recebê-lo como hóspede em nossa casa por alguns meses, enquanto ele se adaptava à vida fora do confinamento da cadeia.

Na manhã em que nosso novo residente deveria chegar, pensei: "O que um homem que passou os últimos treze anos na prisão gostaria de jantar?". Tirei carne assada do congelador e coloquei no forno. Rapidamente fiz duas tortas de maçã. Arrumei a mesa como de costume e prossegui em minhas várias atividades do dia. Assim que cheguei em casa naquela tarde, terminei os preparativos e chamei a família para jantar. Só nosso filho morava em casa naquela época, pois sua irmã já havia se casado. Comemos na copa porque a cozinha era pequena demais para uma mesa com quatro pessoas. Chamei os rapazes para jantar e, quando entramos na copa, nunca me esquecerei do que aconteceu.

Meu marido Larry estava sentado, assim como nosso filho Aaron. Gentilmente, mostrei ao novo morador de nossa casa seu lugar à mesa. Ele se aproximou da cadeira e parou. Ficou ali como se os pés estivessem grudados no chão. Eu o incentivei a se sentar, pois a comida já estava na mesa e estávamos prontos para começar a comer. A carne assada e o molho madeira estavam quentinhos, assim como as batatas e cenouras. Mais uma vez, pedi bondosamente a ele que tomasse seu lugar. Ele me olhou como se não tivesse me ouvido. Em seu rosto se encontrava uma expressão vazia, mas observei que seu queixo tremia. Ele disse: "Devi, nunca sentei numa mesa como esta antes". O que ele queria dizer é que nunca havia jantado em casa com sua família, nem com a de ninguém. Nunca fora convidado para uma mesa arrumada, posta com toalha, pratos iguais e talheres devidamente no lugar.

Não posso deixar de imaginar que a vida desse homem poderia ter tomado um rumo diferente se a experiência da refeição tivesse feito parte de sua rotina diária. Ele cometera um ato terrível de violência sexual contra uma mulher que não conhecia. Não consigo compreender totalmente o desespero extremo que alguém deve sentir para forçar outra pessoa na tentativa de satisfazer seus desejos. Poderia ser uma maneira sórdida e doentia de preencher a necessidade essencial de conexão e amor, nem que fosse por um momento? Talvez a vida daquele homem pudesse ter sido bem diferente se sua mãe ou seu pai simplesmente colocasse a mesa para a refeição e todos a fizessem juntos. Enquanto esse ex-presidiário morou conosco, sua parte preferida do dia era o jantar, quando conversávamos, ríamos e amávamos.

UM LUGAR DE REGENERAÇÃO

Em Lucas 15.11-32, Jesus conta a parábola do filho pródigo. Esse filho recebeu toda sua herança de um pai amoroso, partiu para uma terra distante e dissipou o dinheiro numa vida desregrada.

Certo dia, enquanto trabalhava nos campos, o pai olhou e viu o filho extraviado se aproximando de longe, arrastando os pés pela estrada poeirenta. O rapaz estava maltrapilho, despenteado, exausto e faminto, mas finalmente voltava para casa, arrependido do que fizera. O pai se encheu de felicidade pelo retorno do filho. Enquanto se abraçavam, o jovem expressou humilhação e arrependimento. Como o pai reagiu? Dando uma festa e convidando todos à mesa em homenagem ao filho restaurado! Com imensa alegria e abundância, sem culpar ou acusar o filho pelo que ele fizera no passado, o pai lhe deu as boas-vindas e celebrou o presente. O pai sabia o que o futuro lhe reservava? Não. Mas o abraço e a inclusão do filho no seio da família deram ao rapaz esperança de um futuro melhor, com a sabedoria que ele havia obtido por meio da experiência pessoal.

Não conhecemos os detalhes do relacionamento diário entre aquele pai e o filho caçula rebelde, mas podemos imaginar como era usando as experiências da vida real. Conheço muitas histórias de família entre pais e filhos, mães e filhas que vivenciaram um abismo assustador no relacionamento durante um período de escolhas destrutivas e rebeldia da parte dos filhos. Palavras iradas que causaram mágoa foram ditas uns para os outros, sem poder voltar atrás. Nenhum argumento, nenhuma acusação nem ameaça era capaz de persuadir qualquer das partes a compreender e ceder. Os filhos adotaram a nova moralidade e o estilo de vida escolhido, que os levaram, em alguns casos, a vícios destrutivos e à mendicância. Essas mães e esses pais passaram noites infindáveis orando e chorando pelos filhos.

Esse pode ter sido o fardo do pai do pródigo. O filho gastou todo o dinheiro separado pelo pai para ajudá-lo a ter sucesso na vida. Contudo, em vez de receber a herança na hora certa, o filho pródigo fez o que quis — e isso o levou para o fundo do poço, para a morada dos porcos.

A melhor parte da história é quando o filho chega em casa. Que imagem de amor quando o pai organiza uma celebração! Tenho certeza de que, na festa, a conversa à mesa não ficou relembrando brigas do passado nem enfatizando como o pai estivera certo o tempo inteiro. Em vez disso, a interação à mesa deve ter sido cheia de gratidão porque a família estava reunida e o filho, vivo e seguro. Que momento para se alegrar! Nada mais importava naquele momento de regeneração.

Quando preparamos o jantar para filhos que fizeram escolhas destrutivas, comunicamos, sem sombra de dúvida, que eles foram perdoados e restaurados. A mesa é o melhor lugar para expressar amor e perdão. Quando eles chegarem a sua casa, ponha a mesa para eles. Crie um ambiente propício para o diálogo. Ouça-os sem reservas e os regenere por completo. É bem provável que você já tenha dito tudo que precisava dizer acerca das escolhas ruins. Deixe isso para lá. Só os convide para comer e arrume a mesa como eles gostam, acrescentando algo a mais para que se sintam especiais de verdade. Que sua conversa seja cheia de graça e que o Pão da Presença faça sua obra para resolver as questões que causaram divisão no passado. Concordar não é necessário. Aproveitem o vínculo e a união de corações em amor enquanto compartilham a refeição.

> Quando preparamos o jantar para filhos que fizeram escolhas destrutivas, comunicamos, sem sombra de dúvida, que eles foram perdoados e restaurados.

Um lugar de reconciliação

Alguns anos atrás, o esposo de minha filha anunciou para ela e para os quatro filhos que pediria o divórcio e sairia de casa. Eles eram casados havia dezoito anos. Ele não deu muitas explicações. Todos os membros da família ficaram em choque, temendo o futuro sem o homem a quem tanto amavam. O doloroso processo de sua partida, junto com seus pertences pessoais, e a mudança para um apartamento próximo pareciam mais do que seriam capazes de suportar.

Numa análise superficial, a vida familiar deles era ótima: pareciam um modelo de família cristã. O pai trabalhava duro por muitas horas consolidando um negócio bem-sucedido. A mãe e os filhos permaneciam ocupados com escola, igreja e atividades extracurriculares. Contudo, em meio à aparente normalidade dessa vida familiar, o lar estava, aos poucos e em silêncio, começando a desmoronar. De maneira quase imperceptível, uma pequena fissura se abriu na santidade daquela casa. Uma das primeiras áreas que meu genro começou a negligenciar foi sua participação à mesa. Cuidar dos negócios se tornou mais importante do que estar em casa para jantar com a família. Quando ele conseguia jantar ou fazer outra refeição com a família, sua presença era mais distante e cada vez menos sincera.

Logo passou a haver um prato vazio à cabeceira da mesa.

Assim que ele se afastou do prato, o caos começou a seguir seu rumo. Aquela pequena fissura na família cresceu e acabou afetando a todos, atrapalhando a união, a paz e a tranquilidade e diminuindo a alegria. A fenda aumentou, apodreceu e operou sua destruição.

Trina e nossos netos oravam todos os dias para que ele caísse em si e voltasse para casa. Ele estava fechado emocionalmente, mas era certo que passava por um profundo tumulto interior. Depois de passar um tempo fora de casa, começou a perceber que os momentos junto com a família à mesa lhe faziam uma falta tremenda. Ele começou a passar em casa depois do trabalho para ver os filhos e estes o convidavam para ficar e jantar.

Amigos descrentes perguntavam para minha filha:

— Depois de tudo que seu marido fez com você e seus filhos, como você é capaz de recebê-lo para jantar todas as noites?

Minha filha respondia:

— Eu permitiria que um estranho se sentasse à minha mesa. Também deixaria que um inimigo o fizesse. No momento, ele é essas duas coisas.

Todas as vezes que se sentava para jantar com a família, ele conversava. Na refeição seguinte, conversava um pouco mais. Com o tempo, revelou o motivo do brusco abandono da esposa e dos filhos. Foi à mesa, jantando num restaurante com a esposa, que ele finalmente confessou seu pecado. Explicou que havia se interessado por outra mulher, que estava vivendo uma mentira e sentiu que precisava se mudar. O excesso de trabalho, junto com o tempo gasto viajando longe da família, havia aberto uma pequena rachadura que cresceu e se alargou até o calor da paixão ilícita destruir o precioso tecido da família.

Foi à mesa que ele recebeu perdão. A conexão com a família e o poder do Pão da Presença à mesa atraíram meu genro de volta para o lar. Humilde e arrependido, admitiu ter negligenciado a família e seus deveres de marido, pai e homem cristão. Voltou para casa com a determinação de começar de novo, a fim de evitar esse tipo de comportamento no futuro. E todos o perdoaram.

Meses depois, o casamento foi restaurado e a família readquiriu sua força, felicidade e vitalidade. Agora, o tempo que passam ao redor da mesa é mais significativo do que nunca. Por causa da restauração plena, eles agora desfrutam a companhia dos netos, junto com os quatro filhos, cônjuges e futuros cônjuges. Eles têm um vínculo profundo, são uma família feliz quando se reúnem em torno da mesa. Experimentaram o poder verdadeiro de redenção e reconciliação.

Uma necessidade

Alguns anos atrás, fui convidada para falar em um congresso de primavera feito pelo ministério das mulheres de uma grande igreja. O auditório estava repleto de participantes que estariam ali na sexta à noite e em duas sessões no sábado pela manhã. Eu era a oradora convidada daquele grande evento, e o tema escolhido foi o título de um de meus livros: *The Home Experience: Making Your Home a Sanctuary of Love and a Haven of Peace* [A experiência do lar: transforme sua casa num santuário de amor e num refúgio de paz]. Falei sobre a convincente mensagem do princípio da mesa e centenas de mulheres responderam, fazendo o compromisso de priorizar sua agenda diária a fim de incluir refeições junto com a família à mesa de jantar.

No sábado de manhã, enquanto eu era conduzida à sala para entrar no palco e proferir a segunda mensagem do fim de semana, fui detida no corredor por uma agradável senhora que me perguntou se podia me contar sua história. Ela prometeu ser breve, e eu ouvi com atenção.

Ela era mãe solteira e tinha dois filhos: uma adolescente e um filho mais velho, que tinha sido "meio pródigo", explicou. Naquela semana, o filho tomara a decisão de voltar para casa. O apartamento era pequeno e, na ausência do filho, ela e a filha não se preocuparam em comprar uma mesa. Elas comiam com o prato no colo em frente à televisão. Com o retorno do rapaz, ela começou a sentir que eles deveriam ter uma mesa. Essa sensação insistente a levou a se dirigir a uma loja popular e comprar uma mesa barata com quatro cadeiras para eles se sentarem e fazerem as refeições juntos. Adquiriu a mesa um dia antes de ouvir minha mensagem.

Enquanto o filho de 19 anos montava a mesa, recebeu a ligação de um amigo, convidando-o para sair naquela noite. Ele recusou. O amigo insistiu. O rapaz resistiu. A mãe o ouviu contar ao amigo o que estava fazendo:

— Estou montando uma mesa que minha mãe acabou de comprar para nosso apartamento.

O amigo perguntou:

— Por quê?

Ele respondeu com firmeza:

— Porque eu preciso!

Aquela mãe me contou que seu filho sentiu a necessidade instintiva de participar no processo de providenciar uma mesa para sua família pela primeira vez. Os três comeram juntos naquela noite. Foi a primeira experiência de jantar juntos à mesa em seu lar.

Os modos do rapaz à mesa não eram muito bons, nem os da irmã. Mas a mãe decidiu que, quando a filha começasse a inclinar a cadeira, apoiando-a só nos pés traseiros, em vez de dizer o que ela não deveria fazer, manteria a experiência à mesa positiva, dando sugestões do que fazer. Ela disse que se a menina mantivesse a cadeira firme no chão, duraria mais e não quebraria. A filha logo aceitou a dica sem ficar na defensiva, pois estava orgulhosa do novo jogo de mesa com cadeiras.

No dia depois que sua família se assentou à nova mesa, ela participou do congresso de mulheres e me ouviu falar sobre o princípio da mesa. Naquele momento, compreendeu que algo sobrenatural transparecia no coração de cada um deles. O potencial se revelava nos membros daquela família — potencial para amar, perdoar e aceitar uns aos outros.

Reflexões à mesa

1. Como você acha que Pedro se sentiu depois de negar conhecer Jesus e ser um de seus seguidores?

2. O que Jesus fez para Pedro se sentir valorizado outra vez?

3. Quando Davi se sentiu temeroso por causa da opressão de seus adversários, o que o Bom Pastor fez para acalmar seu coração?

4. De que maneira a vida de Davi foi transformada por se sentar à mesa?

5. Quem se tornou um estranho e inimigo em seus relacionamentos? Que passos você precisa dar para restaurar esse relacionamento?

10

O prato a mais

Pois quem é maior: o que está à mesa, ou o que serve?
Não é o que está à mesa? Mas eu estou
entre vocês como quem serve.

Lucas 22.27

Chualar, uma cidade no centro da Califórnia, cerca de de-
zesseis quilômetros ao sul de Salinas na rodovia 101, foi meu lar
desde que nasci até me casar em 1964. Quando eu tinha 7 anos,
minha família comprou uma bela casa numa esquina no final da
cidade. A cerca do jardim ficava às margens do acostamento da
estrada de duas pistas que levava à rodovia principal. Do outro
lado da rodovia ficava uma estrada de ferro. Os andarilhos — era
assim que os chamávamos — andavam de trem e desciam em
nossa cidadezinha. Como nossa casa ficava perto da ferrovia,
era a primeira onde passavam pedindo comida.

Lembro-me vividamente da noite em que um andarilho se
assentou em nossa mesa de jantar para comer. Estava sujo e muito malcheiroso. Minha mãe fez um sanduíche para ele, deu-lhe
um prato quente de sopa e o chamou para sentar a nossa mesa.

Logo depois da porta dos fundos, por onde nossos convidados costumavam entrar, ficava uma mesa de madeira de
piquenique. Se eu estivesse sozinha em casa e um estranho
batesse à porta pedindo comida, recebi de meus pais a instrução de mandá-lo sentar-se à mesa de piquenique, entrar, fazer

um sanduíche e entregar para ele. Papai cria de maneira literal em Hebreus 13.2: "Não se esqueçam da hospitalidade; foi praticando-a que, sem o saber, alguns acolheram anjos". Papai e mamãe demonstravam compaixão e generosidade, e essa atitude de bondade e hospitalidade se desenvolvia naturalmente em nossa rotina diária. Aprendemos a não julgar as pessoas por sua aparência exterior — afinal, poderia ser um anjo — e a incluir todos em nossa vida. Se elas estivessem com fome, nós as chamávamos para se assentar a nossa mesa e dávamos comida. Meus pais demonstravam amor a todos, até mesmo aos excluídos e desabrigados. Esse exemplo de hospitalidade teve uma influência tremenda sobre meu irmão e sobre mim.

Além de darmos comida a estranhos que batiam a nossa porta, lembro-me bem de papai trazendo para a mesa o bêbado da cidade. Papai o ajudou a ficar sóbrio com uma xícara de café e o levou para junto de sua família. Ele era nosso amigo e eu frequentava a mesma escola que os filhos dele. Tais atos de bondade eram normais em nossa família. E esse estilo de vida continua a ser normal para mim.

> A hospitalidade estendida aos outros demonstra a generosidade do amor de Deus.

O prato a mais sempre colocado a nossa mesa de jantar exemplifica uma parte central do caráter de Deus. A hospitalidade estendida aos outros demonstra a generosidade do amor de Deus.

TRANSFORMANDO ESTRANHOS EM AMIGOS

Na Bíblia, Deus nos lembra da importância de praticar a hospitalidade. Romanos 12.13 nos manda: "Compartilhem o que vocês têm com os santos em suas necessidades. Pratiquem a hospitalidade". Em 1Pedro 4.9, recebemos a ordem: "Sejam mutuamente hospitaleiros, sem reclamação". E em 3João 8, o apóstolo conclui: "É, pois, nosso dever receber com hospitalidade irmãos como esses, para que nos tornemos cooperadores em favor da verdade".

A palavra grega *philoxenos* é traduzida em português por *hospitalidade*. A definição grega se divide em duas partes: *philo* significa "amigo" e *xenos* quer dizer "estranho". O sentido literal de *hospitalidade* é "transformar estranhos em amigos". Estranho não significa apenas uma pessoa que você nunca viu, mas, sim, que a hospitalidade supera a distância da estranheza e a tensão de ser diferente.[1]

> O sentido literal de *hospitalidade* é "transformar estranhos em amigos".

Lucas 10.25-37 registra que, enquanto Jesus ensinava seus discípulos, foi desafiado por um instruído mestre da lei, que lhe perguntou: "Mestre, o que preciso fazer para herdar a vida eterna?". Jesus respondeu se referindo à lei que aquele homem passara a vida inteira estudando: "O que está escrito na Lei? Como você a lê?". O inteligente perito tinha uma resposta pronta, citando Deuteronômio 6.5 e Levítico 19.18: "Ame o Senhor, o seu Deus, de todo o seu coração, de toda a sua alma, de todas as suas forças e de todo o seu entendimento e ame o seu próximo como a si mesmo". Jesus replicou: "Você respondeu corretamente. Faça isso, e viverá".

Em seguida, o mestre da lei perguntou, na defensiva: "E quem é o meu próximo?". Jesus respondeu contando uma história que conhecemos como a parábola do bom samaritano. Segundo esse relato, certo homem viajava de Jerusalém para Jericó quando caiu nas mãos de ladrões, que o despiram, espancaram e o deixaram à beira da morte. Três pessoas diferentes passaram pelo moribundo: um sacerdote que atravessou para o outro lado da estrada, um levita que fez o mesmo e um samaritano, um cidadão humilde, que sentiu compaixão, levou o ferido para uma estalagem, cuidou dele, pagou pela hospedagem e pelas despesas até ele se recuperar.

Então Jesus perguntou ao especialista na lei: "Qual destes três você acha que foi o próximo do homem que caiu nas mãos dos assaltantes?". O perito percebeu que a resposta a sua primeira pergunta, "O que preciso fazer para herdar a vida eterna?", era: "Demonstrar misericórdia e hospitalidade a quem necessita". Jesus disse ao homem: "Vá e faça o mesmo" (Lc 10.36-37).

É interessante notar que, na história, os dois sacerdotes representam a lei e a religião. Jesus estava dizendo que nem a lei nem a religião livram as pessoas de suas necessidades desesperadas. Somente um ato bom e generoso de hospitalidade, que demonstre misericórdia, é capaz de fazê-lo.

O MELHOR MÉTODO DE DISCIPULADO

Quando Jesus reuniu os discípulos à mesa para a última refeição pascoal, ele se levantou da ceia, pegou uma toalha e começou a lavar os pés dos discípulos (Jo 13.1-5). Jesus ministrou aos discípulos assumindo a forma de servo, demonstrando como servir uns aos outros.

Depois de lavar os pés dos discípulos, ele se reclinou mais uma vez à mesa e começou a conversar sobre as questões profundas da vida. Disse:

> Vocês entendem o que lhes fiz? Vocês me chamam "Mestre" e "Senhor", e com razão, pois eu o sou. Pois bem, se eu, sendo

Senhor e Mestre de vocês, lavei-lhes os pés, vocês também devem lavar os pés uns dos outros. Eu lhes dei o exemplo, para que vocês façam como lhes fiz. Digo-lhes verdadeiramente que nenhum escravo é maior do que o seu senhor, como também nenhum mensageiro é maior do que aquele que o enviou. Agora que vocês sabem estas coisas, felizes serão se as praticarem.

João 13.12-17

Esse ensino foi sucedido por uma conversa interativa, com perguntas e respostas, esclarecimento e debates estimulantes. Tudo ocorreu à mesa, enquanto Jesus e os discípulos comiam.

Para Larry e para mim, convidar pessoas a nossa casa é o método preferido de fazer discípulos e parece ser a maneira bíblica também. Quando outros vêm ao nosso lar para fazer uma refeição, esperamos não só que aprendam nas conversas à mesa, como também que consigam observar um modelo de vida cristã, exemplificado por nós dois. Desejamos que nossos convidados tenham a oportunidade de ver como interagimos em nosso relacionamento conjugal. Queremos que eles presenciam a atmosfera de amor, paz e alegria que permeia o ambiente. Nosso sistema de valores precisa ser vivido na presença deles, de modo que possam experimentar um modelo de semelhança a Cristo.

Muitos anos atrás, fui convidada para pregar numa igreja em Detroit. Depois que o culto terminou, um homem jovem, sua esposa e filho em idade pré-escolar se apresentaram para mim. O marido me fez lembrar que fora hóspede em nossa casa oito anos antes com um grupo de homens a quem meu esposo convidara. Com um enorme sorriso no rosto, o jovem pai disse que ele e a esposa baseavam seu estilo de vida e seu lar nos dois dias que havia passado conosco.

Vários pratos a mais foram colocados a nossa mesa naquele final que semana. O que eu não sabia era que, depois de cada refeição, aquele jovem ligava para a noiva a fim de relatar sua experiência à mesa — como ela fora arranjada e o que comemos. Foi a primeira vez que ele ficou numa casa como a nossa, que demonstrava hospitalidade recebendo estranhos. Ele contou que só se lembra de ter comido à mesa com sua família na infância três vezes e todas elas eram datas comemorativas. Durante essas refeições, ainda menino, ele pensava: "Eu queria que todo dia fosse uma data comemorativa para que pudéssemos comer juntos". Aquele desejo cresceu dentro dele enquanto foi hóspede em nossa casa e agora, com o primeiro filho, ele e a família comem à mesa regularmente. Eles amam dividir a mesa com outras pessoas, assim como compartilhamos a nossa com ele.

Já mencionei que a hospitalidade supera a distância da estranheza e as tensões das diferenças. Esse jovem, além de ser alguém a quem não conhecíamos, considerava nossas maneiras estranhas a ele. O ato de dividir um prato extra à mesa diminui as diferenças e começa a unir um coração ao outro.

> A hospitalidade supera a distância da estranheza e as tensões das diferenças.

Convidar alguém para comer em sua casa cria tempo de qualidade e uma oportunidade para um longo diálogo focado. O encontro em lugares públicos impede, muitas vezes, que os relacionamentos passem para um nível mais profundo. Contudo, com o prato a mais e o encontro em sua casa, a conversa parte para o nível mais pessoal. As interrupções do garçom e a intrusão da privacidade num lugar público mantêm a conversa num nível superficial. O nível mais profundo de diálogo que ocorre em casa, em volta da mesa familiar, permite que a pessoa expresse emoções honestas, dores pessoais, desafios, vulnerabilidades e crises presentes.

Não faz muito tempo, nosso querido amigo Scott, que morou conosco durante dois anos, partilhou comigo acerca de sua experiência em nosso lar e à mesa:

> Cresci num lar extraordinário, com pais que me enchiam de amor e cuidado. Lá no fundo, eu sabia que estava sendo separado para algo e que provavelmente tinha dons em muitas áreas. Pode-se dizer que eu era o típico exemplo de uma vida intocada, ainda não descoberta. Precisava de um lugar seguro para me desenvolver e liberar meu potencial. O lar de Larry e Devi foi o refúgio perfeito durante essa época de descobertas. Devi criava um ambiente amoroso e hospitaleiro; Larry derramava sabedoria sobre mim.
>
> Depois de terminar o bacharelado no estado de Washington, vendi e dei quase tudo que tinha e coloquei meus pertences no pequeno carro da época de universitário. Dirigi até a casa de Larry e Devi em Youngstown, Ohio, onde fiquei por dois anos. Em todo o tempo que passei com eles, observei, ouvi, aprendi e segui. Ou seja, fui um discípulo. Os princípios que eles ensinavam eram profundos. Começaram a mudar e a desafiar o âmago de meus atos e pensamentos. Aprendi a amar as pessoas de maneira mais intensa e também a apoiar e discipular outros.
>
> Embora eu já fosse uma pessoa salva, precisava de uma alavanca. Queria ter uma vida significativa, cheia de propósito. Tinha o desejo de fazer a diferença, mas não fazia ideia de como isso poderia se tornar realidade. Minhas experiências no

lar de Larry e Devi e em volta da mesa deles foram cruciais para me ajudar a me concentrar em meu chamado. Agora sigo em frente na direção certa — fazendo aquilo que sinto que Deus me criou e chamou para fazer.

O tempo que Scott passou em nosso lar e em volta da mesa ofereceu a ele um ponto de contato para incentivá-lo e alavancá-lo ao sucesso. Quando Scott entrou em nossa garagem no dia de sua chegada, Larry o recebeu com um abraço e o apresentou a mim. Ele era um estranho. Aquele estranho se tornou amigo e depois um parente. Scott se casou com nossa neta e é pai de nosso primeiro bisneto. Mal sabíamos que estávamos orientando o futuro marido de nossa neta! Sou tão grata por havermos aberto nosso coração a ele!

SERVIR OS OUTROS É UM VALOR DA FAMÍLIA
Como já mencionei, colocar um prato a mais na mesa em minha infância não era incomum, nem no lar que Larry e eu formamos. Nossos filhos mal se lembram de jantares em família só com nós quatro. Quase sempre, tínhamos um prato a mais na mesa para um convidado. Criei o hábito de fazer mais comida do que o necessário para minha família. Dessa forma, alguém poderia comer conosco sem ser necessário avisar com antecedência. Meu marido ama as pessoas e gosta de trazer gente para casa com ele. Uma vez que a demonstração de hospitalidade era comum na casa de meus pais, achei fácil criar esse tipo de ambiente para Larry.

Um aspecto distintivo da eficácia pastoral de Larry é que ele constrói relacionamentos individuais e capacita as pessoas para uma vida melhor, convidando-as para entrar em nossa vida a fim de ver como uma família cristã interage. Ele é modelo de um cristianismo verdadeiro para as pessoas de forma muito real. Embora nossas igrejas tenham crescido bastante, Larry nunca parou de chamar convidados para nosso lar. Dezenas de pessoas já moraram conosco e centenas passaram vários dias em quase cinquenta anos de casamento.

É por isso que eu achei tão fácil e natural criar a Mansão de mentoria e convidar oito mulheres para passar quatro dias comigo, a fim de aprenderem como transformar o lar num santuário de amor e num refúgio de paz. Com frequência, outros me dizem: "Não é difícil? Dá tanto trabalho preparar comida para oito mulheres três vezes por dia durante quatro dias! Isso me parece fatigante! Como você consegue?". Para mim, a mentoria não é um programa que criei, mas, sim, um estilo de vida de hospitalidade, convidando outras pessoas a entrar em minha vida.

O PRATO A MAIS ENRIQUECE NOSSA VIDA

Enquanto me preparava para ministrar uma conferência, estava em busca de uma história pessoal para ilustrar a ideia principal. Eu falaria sobre a importância de construir memoriais para que as gerações futuras possam conhecer a bondade de Deus em nossa vida. Decidi ligar para nosso filho Aaron e fazer uma pergunta. Aaron é muito comunicativo, pensa rápido e responde com facilidade perguntas sobre quase qualquer assunto. Achei que essa seria uma solução ágil e simples para minha necessidade de uma história pessoal enquanto dava os toques finais em minha apresentação. Eu já tinha em mente a resposta que gostaria que ele me desse; tinha certeza de que Aaron diria exatamente algo que provaria meu argumento. Perguntei:

— Aaron, o que mais impactou sua vida enquanto crescia em nosso lar?

Tinha certeza de que ele falaria nas refeições elaboradas que eu preparava em feriados ou nos pratos prediletos que eu cozinhava para ele, mas não foi nada disso. Sem hesitar, Aaron disse:

— Ah, isso é fácil, mãe! Foram as pessoas que recebemos em nosso lar!

Ele prosseguiu falando das pessoas de quem se lembrava. Os estranhos se tornaram amigos dele.

— Você e papai convidavam ex-presidiários e missionários, cientistas e pregadores, pessoas de todas as raças e grupos étnicos. Algumas eram mais simples e outras, muito sofisticadas. A diversidade de pessoas que vocês recebiam em casa causou grande impressão em mim, cada uma delas contando sua história. Ao redor da mesa, aprendi lições das quais nunca me esquecerei.

É verdade! As pessoas únicas que comeram à nossa mesa enriqueceram nossa vida de muitas formas. Jesus disse que, quando colocamos um prato extra para o menor dentre esses, é como se ele mesmo se assentasse conosco (Mt 25.40). A presença de Jesus abençoou nossos convidados e moldou os valores de nossos filhos.

ESSENCIAL PARA A LIDERANÇA BÍBLICA

Em sua primeira carta a Timóteo, Paulo instrui o jovem pastor acerca das qualificações necessárias para um bispo ou supervisor na igreja. A hospitalidade é citada junto com outras características muito valorizadas:

> É necessário, pois, que o bispo seja irrepreensível, marido de uma só mulher, moderado, sensato, respeitável, hospitaleiro e

apto para ensinar; não deve ser apegado ao vinho, nem violento, mas sim amável, pacífico e não apegado ao dinheiro.

1Timóteo 3.2-3

Quando nos casamos, Larry já era ministro em tempo integral. Eu sabia que a hospitalidade era algo que eu deveria praticar para não desqualificá-lo a ser líder da igreja. Compreendia que poderia atrapalhar a eficácia de seu ministério caso me recusasse a estar preparada para levar pessoas para nosso lar a qualquer momento. Por isso, separei uma prateleira em nossa despensa com alimentos preparados a fim de poder fazer refeições rápidas para visitas inesperadas. Eles ficavam reservados para emergências e não eram usados nos cardápios do dia a dia. Por exemplo, embora eu tivesse o costume de preparar meu próprio molho para massas, em nossa despensa sempre havia molho de tomate pronto. Eu também estocava sopas, pó para pudim, mistura pronta para *brownie* e bolo, e assim por diante.

Demonstrar hospitalidade não é o mesmo que receber pessoas em casa. Receber pessoas em casa é convidar visitas para se mostrar, exibindo como você cozinha bem e como é linda a porcelana que ganhou de herança da família. É mais do que jantar e assistir a um filme. Em vez disso, a hospitalidade é uma atitude do coração — é transformar estranhos em amigos. Sua atitude deve refletir o desejo sincero de aquecer o coração e renovar o espírito daqueles que se servem em seu prato a mais, seja ele de plástico, papel ou

> Demonstrar hospitalidade não é o mesmo que receber pessoas em casa. [...] Em vez disso, a hospitalidade é uma atitude do coração — é transformar estranhos em amigos.

porcelana fina. Tal atitude se demonstra em tudo que você faz e diz enquanto seus convidados estão presentes, dispensando-lhes atenção total.

Conversa agradável

As conversas com seus convidados devem ser positivas e edificantes. O apóstolo Paulo instrui: "Sejam sábios no procedimento para com os de fora; aproveitem ao máximo todas as oportunidades. O seu falar seja sempre agradável e temperado com sal, para que saibam como responder a cada um" (Cl 4.5-6).

Não consigo pensar em nada mais triste do que uma pessoa negativa, reclamadora e rabugenta. Durante anos, enquanto lia essa passagem, pensava que se referia a não reclamar por ter convidado alguém para ir a sua casa. Então pensava: "Por que eu convidaria pessoas para vir a meu lar e depois reclamaria por tê-las aqui?". Isso não faz o menor sentido. Então percebi que o texto está nos orientando quanto ao tipo de conversa que devemos planejar quando convidamos outros para nossa mesa. Trata-se de uma oportunidade para edificar e fortalecer as pessoas. Desde que são recebidas à porta, nosso falar deve começar a temperar a noite, como se toda a experiência fosse uma refeição em si.

Gosto de pensar no diálogo antes do jantar como um aperitivo, o início do rumo da conversa que será servida a seus convidados enquanto eles estiverem com vocês. A Bíblia nos lembra de que, quando estamos com pessoas "de fora", gente que não faz parte de nossa família, nem do grupo de amigos íntimos, devemos aproveitar esses momentos e maximizar nossa oportunidade de fazê-las sentirem-se especiais. Efésios 4.29 orienta: "Nenhuma palavra torpe saia da boca de vocês, mas apenas a que for útil para edificar os outros, conforme a necessidade, para que conceda graça aos que a ouvem".

A conversa agradável, temperada com graça, nos leva a escolher as palavras com sabedoria e só dizer coisas que despertem o melhor nas pessoas com quem estamos falando. Estender graça com as palavras pode ser o mesmo que fazer um favor não merecido — dizer palavras de cortesia a pessoas descorteses. É assim que a graça funciona. Você tem o poder e a posição, ao servir seus convidados, de melhorar a autoimagem e a confiança deles. As Escrituras nos instruem a buscar dons com dedicação, para edificar e confortar os outros (1Co 12.31). Quando fazemos isso, algo profundo e sobrenatural acontece no coração dos convidados. Podemos prever o que ocorrerá na vida deles: esperança, felicidade, amor e paz. Tudo isso pode acontecer quando colocamos um prato a mais e escolhemos nos concentrar na bênção daqueles que compartilham a mesa conosco.

> A conversa agradável, temperada com graça, nos leva a escolher as palavras com sabedoria e só dizer coisas que despertem o melhor nas pessoas com quem estamos falando.

Nossa experiência de jantar aos domingos

Inerente à prática da hospitalidade, encontra-se a demonstração de um valor pessoal: o valor do serviço. Como praticávamos esse valor no lar, nossos filhos e netos são envolvidos em servir os outros. O caráter deles foi moldado enquanto participavam do preparo de nosso jantar aos domingos.

Os domingos eram dias agitados em nossa casa. Como Larry era pastor titular em tempo integral, chegávamos à igreja antes de todos. Nos primeiros anos de nosso ministério, nós dois éramos professores da escola dominical, Larry dirigia o louvor, eu tocava órgão, nós ensaiávamos o coral e ele pregava. Depois voltávamos à igreja para o culto da noite. Não era uma mera repetição do que ocorria pela manhã, mas tratava-se de um momento único de adoração, no qual Larry pregava outro sermão — duas mensagens todos os domingos. Pessoas que iam a outras igrejas nos domingos de manhã frequentavam nossos cultos à noite. Nosso templo ficava lotado, com mais de mil pessoas. Era nesse culto que cantava nosso coral de jovens, com cem vozes. Quando eles cantavam, parecia que o teto ia se erguer. Seu louvor era glorioso! Quando o culto terminava, era tarde e as crianças precisavam dormir, pois teriam aula no dia seguinte. Com essa agenda, pode parecer que nosso jantar de domingo se perderia em meio às responsabilidades do dia. É provável que eu tivesse uma boa justificativa para me considerar ocupada demais para preparar uma refeição e jantar em casa. Entretanto, sou muito feliz por não ter pensado assim e privado minha família das lembranças eternas daquilo que presenciamos durante os jantares de domingo.

O jantar de domingo precisava ser preparado no sábado. Os sábados eram dias muito importantes de preparação para nossa família. Depois de tomar café da manhã à mesa, toda a família (inclusive os hóspedes que moravam conosco) trabalhava em conjunto preparando a casa para o final de semana. Os homens aspiravam o carpete e cortavam a grama enquanto as mulheres lavavam roupa, trocavam os lençóis, tiravam pó dos móveis, aprontavam a roupa do dia seguinte, arrumavam a mesa e iniciavam os preparativos para o jantar do dia seguinte. Todos organizavam o próprio quarto e guardavam roupas que estavam fora de lugar. Eu me certificava de limpar os banheiros e deixá-los em ordem para os convidados.

Transforme sua mesa num lugar de cooperação

Antes da refeição:

- As responsabilidades do preparo devem ser distribuídas antes da refeição.

- Todos devem esperar a mãe se sentar antes de fazer a oração.

Durante a refeição:

- O pai pode dar início à conversa se estiver em casa, enquanto a mãe e os filhos mais velhos se servem.

Após a refeição:

- Ninguém deve receber a tarefa de tirar a mesa sozinho. É responsabilidade de cada um tirar o próprio prato até a mesa ficar limpa.

Eu tornava a limpeza da casa divertida para todos, assim como minha mãe fizera comigo. Inventávamos brincadeiras, dividindo os cômodos e competindo para ver quem conseguia terminar primeiro. Ajudávamos uns aos outros e sempre havia uma recompensa no fim da manhã. Sei que parece que trabalhávamos o dia inteiro, mas não era assim. Quando todos ajudam, a casa fica pronta rápido.

O jantar de domingo em casa era uma tradição que eu peguei tanto da minha família quanto da de Larry. Muito planejamento, tempo e energia eram dedicados para tornar a refeição especial. Eu costumava servir o jantar na copa e usava minhas melhores louças. Era a grande refeição do dia. No fim da tarde, esquentávamos o almoço ou comíamos um lanche. Era raro jantarmos só nós quatro no domingo; Larry e eu tínhamos o costume de encher a mesa. A lista de convidados incluía amigos íntimos, assim como pessoas que não conhecíamos muito bem. Na igreja, eu examinava a congregação e convidava alguém que talvez nunca tivesse sido honrado com o convite de jantar na casa do pastor. Além de enriquecermos a vida dessas pessoas, elas também enriqueciam a nossa.

POR QUE ELES NÃO SAEM DA MESA?

Não faz muito tempo, uma mulher adorável chamada Sherri participou de um curso intensivo de mentoria para o lar na mansão. Antes de chegar lá, ela estava cansada e esgotada. Havia perdido o entusiasmo. A ida à mansão fora organizada por sua família como presente de aniversário, portanto ela não fazia ideia do que esperar.

Durante os quatro dias que passamos juntas, Sherri ficou muito emocionada. Pedi a ele que me contasse o que estava acontecendo e ela partilhou comigo uma bela história de sacrifício e recompensa por estender hospitalidade aos outros.

> Meu esposo e eu trabalhamos como autônomos fazendo colheitas por empreitada há doze anos. A maioria das pessoas nem sabe o que é isso! Possuímos grandes máquinas chamadas colheitadeiras, necessárias para ceifar as plantações de grãos. Alguns fazendeiros possuem uma ou duas colheitadeiras para ceifar suas plantações, outros contratam a colheita por empreitada para fazer o serviço por eles. Meu marido e eu possuímos várias máquinas, caminhões e contêineres para armazenar os grãos e providenciamos os trabalhadores para entrar nos campos e colher a plantação rapidamente.

Voltamos às mesmas fazendas ano após ano, mas é um trabalho sazonal. Começamos em maio e terminamos em novembro. Como não podemos oferecer serviço o ano inteiro, cada temporada começa com novos funcionários. Muitos homens vão e vêm — homens dos Estados Unidos, da Nova Zelândia e até da África do Sul. Viajamos de um estado para o outro, moramos em *trailers*, trabalhamos todos os dias que o clima permite e fornecemos todas as refeições (três por dia, sete dias por semana). Essas pessoas se tornam uma família. As horas de trabalho são exaustivas e já passamos meses sem folgar, então é fácil entrar num processo de estafa.

É nesse ponto que as colheitas por empreitada e a Mansão de mentoria se aliam. Devi falou sobre o princípio da mesa e eu chorei o tempo inteiro. Um dos comentários que meu marido e eu já fizemos muitas vezes a respeito dos trabalhadores que viajam conosco é: "Por que eles não saem da mesa?". Todos estamos exaustos; o jantar acontece às vezes à meia-noite ou uma da manhã, mas lá se encontram eles reunidos à mesa. Comendo, rindo, contando histórias sobre o dia. Demorando-se. Preciso admitir que, em algumas ocasiões, isso foi uma fonte de grande irritação para mim. Eu pensava: "Por que eles não voltam para o *trailer*? Já não passaram o dia inteiro juntos? Que chateação!".

É por isso que chorei. Eu sabia que esses homens eram um ministério, mas tive uma atitude tão negativa em certos momentos. Eles não sabiam de nada; eu mantinha um sorriso no rosto, procurava preparar boas refeições e interagir com gentileza. Sempre tentei ser uma boa anfitriã. Os trabalhadores apreciavam tanto! Por vezes, os elogios eram efusivos. Eles pediam à família que me enviasse presentes de sua terra natal, como livros de culinária, panos de prato, jogos americanos com fotos de paisagens da região e receitas favoritas. Já ganhei bijuterias feitas de conchas, meias dos times preferidos de cada um, estatuetas, cartões e todo tipo de expressão de agradecimento. Como pude ser tão cega quanto à importância de meu trabalho?

Já ouvi muitas histórias de partir o coração, contadas por esses homens, a maioria deles na casa dos 20 anos. Um rápido comentário sobre ser deixado no carro a noite inteira quando criança enquanto o pai estava no bar — um acontecimento comum, em que o menino recebia uma Coca e um pacote de salgadinhos e permanecia dentro do automóvel por horas. Há também comentários de uns para os outros sobre como lidaram com o divórcio dos pais. Quando reflito sobre algumas das coisas que aqueles homens compartilham, percebo como nossa mesa é profunda. Quantas fotos temos de aniversários que tentamos fazer porque eles ficam tão distantes de casa e da família! Mas a verdade é que eu já estava cansada de fazer tudo isso. Desenvolvi uma atitude negativa. Pensava: "Estou cansada de ter tanto trabalho". Fiquei pensando no jovem que deixou o trabalho de uma hora para a outra este ano. Ele é da Nova Zelândia e tem pouco mais de 20 anos. O rapaz bebia e estava se envolvendo em problemas, esses foram os boatos que ouvimos depois. Ele bateu à porta de meu *trailer* e disse que estava esperando um táxi para levá-lo ao aeroporto. Deu-me um abraço, seus olhos se encheram de lágrimas e disse que eu era a pessoa mais bondosa que ele já conhecera. "Como assim?", pensei. Ele mal me conhecia. Não havíamos interagido muito. Eu só cozinhara para ele durante os três meses anteriores. Eu o via (junto com cerca de outras vinte pessoas) na hora das refeições. O que o fez achar que eu era tão bondosa? Seria uma presença além da minha? Alguém que ele não reconhecia, não conseguia identificar, mas sentia. Alguém que o aceitava e amava — o Pão da Presença: o próprio Jesus Cristo.

Nunca verbalizei isso, mas eu costumava pensar que fora rebaixada na vida. Eu havia sido uma profissional. Dos 20 aos 30 anos, trabalhei numa empresa de contabilidade do setor petrolífero para uma grande companhia de petróleo na Califórnia. Meu marido trabalhava em outra petrolífera e foi transferido para o Kansas. Por causa da transferência, voltei para a faculdade e me tornei enfermeira. Foi essa profissão que deixei para ajudar meu marido a fazer o que ele ama: colheitas por empreitada. Agora minha função é auxiliar meu esposo. Sempre trabalhei para ajudá-lo, sem me dar conta da importância do meu papel. Foi isso que Deus me revelou durante o ensino do princípio da mesa. Pretendo me esforçar para lembrar que eu cozinho para Jesus e sempre o convidarei para participar da mesa.

EXPERIENTES, IGUAIS, BEBÊS

A boa hospitalidade inclui planejamento e preparo, assim como espontaneidade. De qualquer modo, esteja de prontidão para dizer: "Estou feliz por ter você aqui". A hospitalidade generosa era um valor estimado na igreja do Novo Testamento. Trata-se de uma qualidade listada entre as características essenciais para os bispos e para as viúvas que seriam sustentadas pela igreja.

> A boa hospitalidade inclui planejamento e preparo, assim como espontaneidade.

Nenhuma mulher deve ser inscrita na lista de viúvas, a não ser que tenha mais de sessenta anos de idade, tenha sido fiel a seu marido e seja bem conhecida por suas boas obras, tais como criar filhos, *ser hospitaleira*, lavar os pés dos santos, socorrer os atribulados e dedicar-se a todo tipo de boa obra.

1Timóteo 5.9-10

Três das qualidades citadas incluem atos de bondade e serviço: ser hospitaleira, lavar os pés dos santos e socorrer os atribulados. A dedicação a todo tipo de boa obra significa que é preciso trabalhar para se doar aos outros de maneira transformadora para a vida deles.

Uma ótima fórmula para criar uma lista de convidados é incluir pessoas com quem você pode aprender (experientes), pessoas que se encontram numa fase da vida semelhante a sua (iguais) e pessoas que podem aprendem de você (bebês). Esse tipo de grupo sempre interage bem, tem muito a conversar e a contribuir uns com os outros. A vida de todos é enriquecida quando a festa termina. É muito importante se lembrar das pessoas mais velhas e incluí-las. Elas se sentem valorizadas. A hospitalidade não serve apenas para seu prazer pessoal, mas o prato extra se destina a criar prazer para os outros desfrutarem.

Convide os amigos de seu filho da vizinhança. A cultura atual, com tantas famílias separadas pelo divórcio, mães que precisam ganhar dinheiro e filhos que ficam em casa sozinhos, se virando por conta própria, proporciona uma ótima oportunidade para você colocar um prato a mais na mesa e convidar os filhos dos vizinhos para ficar e jantar. Eles fazem uma refeição saudável e se inserem numa atmosfera positiva que pode moldar suas escolhas futuras. A experiência que tiverem à mesa, conversando e criando vínculos com as outras pessoas, pode ser o único momento de afirmação pessoal que essas crianças receberão ao longo do dia.

Convide pessoas que não fazem parte de seu círculo de amizades. Morávamos em nossa casa havia cinco anos e nunca tínhamos feito uma festa de Natal para nossos vizinhos. Nessa época do ano, nosso tempo era consumido por atividades na igreja, festas para funcionários e cantatas do coral. Eu não tinha tempo para planejar uma festa de Natal para os vizinhos e outra para nossa equipe de colaboradores. Criamos o costume de dar um jantar de agradecimento aos colaboradores da igreja em nossa casa na época de Natal.

Naquele ano em especial, Larry e eu explicamos para a equipe que não daríamos uma festa para eles. Em vez disso, queríamos demonstrar hospitalidade a nossos vizinhos. Distribuí convites de porta em porta chamando para uma festa de sobremesas natalinas, na qual os convidados poderiam entrar e sair na hora que quisessem. Fiz várias sobremesas e montei uma mesa de café. Tudo estava arranjado de forma criativa e decorada. Logo as pessoas começaram a chegar — muito mais do que estávamos esperando. Elas chegavam, mas não iam embora! Todos estavam se divertindo; risos e conversas enchiam os ambientes, junto com o concerto de músicas natalinas, tocadas ao piano por Larry. Alguns dos convidados participavam do coral sinfônico, então, para nossa surpresa, começaram a acompanhar o instrumento. Outros que mal conseguiam manter a afinação se uniram a eles, criando uma sonoridade cômica.

Vários pratos a mais foram usados naquela noite. A presença de Deus estava em nosso meio. Nosso lar se encheu de seu amor, sua paz e alegria. Nossos vizinhos estabeleceram uma conexão e continuaram a se reunir ano após ano. O coração de todos foi aquecido e revigorado. Todos nos assentamos à mesa?

Não. Mas o Pão da Presença encheu o ar enquanto comíamos sobremesa juntos.

Invente a própria festa. Você mora só? Planeje convidar alguém para se sentar à sua mesa no mínimo uma vez por semana. Pode ser sua sexta à noite de entretenimento. Coloque um prato a mais e faça o dia de alguém feliz! Depois do jantar, brinquem de um jogo, assistam a um filme, vejam um álbum de fotos ou contem sua história. Que maneira maravilhosa de levar alegria a outra pessoa! E nas noites em que estiver em casa sozinha, saiba que, na verdade, você não se encontra só. Arrume a mesa e tenha a certeza de que o Pão da Presença, seu rico marido judeu, está bem ali com você.

Todos têm um prato extra, e muitas pessoas se sentiriam honradas de receber um convite para jantar nele. Comece a fazer sua lista de convidados e de compras hoje!

Reflexões à mesa

1. Defina *hospitalidade* de acordo com a definição grega apresentada neste capítulo.

2. Que exemplo Jesus deu para seus discípulos na última ceia?

3. Quem é mais valorizado: aquele que serve ou o que é servido?

4. O que significa ter um falar sempre agradável? Dê um exemplo.

5. Recorde uma história pessoal de uma ocasião em que sua vida foi impactada porque alguém colocou um prato a mais para você.

Conclusão

A EXPERIÊNCIA DA MESA É A FUSÃO da minha experiência de vida, paixão e pesquisa atual. Tenho a convicção de que algo que transcende nosso entendimento acontece na alma humana quando comemos juntos. Neste livro, aliei conhecimento científico com *insights* bíblicos para mostrar a você a transformação que experimentamos quando fazemos refeições juntos. Imagino que possa haver diferenças em nossas interpretações teológicas; este livro não tem a intenção de ser um comentário bíblico. Minha esperança, porém, é que você tenha adquirido uma nova convicção que a leve a se reunir regularmente à mesa com as pessoas com quem você deseja estabelecer uma conexão.

Cada alma humana tem sutilezas únicas. Cada um de nós foi formado de maneira singular no ventre materno. Nossa personalidade varia, assim como o formato do corpo. Somos diferentes em todos os aspectos. Nem todos os homens são iguais e o mesmo se pode dizer das mulheres. Não temos o mesmo número de fios de cabelo na cabeça. Contudo, há uma coisa que todos compartilhamos: a necessidade de criar vínculos.

Fomos criados de maneira única e maravilhosa. Como meu marido costuma dizer: "Eu sou extraordinário e você é incrível!". Séculos de pesquisa continuam a revelar o valor profundo do

> Há uma coisa que todos compartilhamos: a necessidade de criar vínculos.

vínculo e ajudam a esclarecer a compreensão crescente das emoções humanas. Uma década recente de estudos mostra os resultados de comer juntos numa atmosfera positiva e edificante no desenvolvimento da confiança pessoal e na operação de milagres no coração humano, estabilizando as emoções e criando vínculos.

Creio no desejo de Deus de se conectar com sua criação. É por isso que Jesus disse: "Eis que estou à porta e bato. Se alguém ouvir a minha voz e abrir a porta, entrarei e cearei com ele, e ele comigo" (Ap 3.20). Como vimos neste livro, jantar com alguém é se conectar com essa pessoa. Em outras palavras, Deus está dizendo que quer criar um vínculo com você.

A experiência da mesa com seu cônjuge, seus familiares, amigos e colegas — até mesmo com seus inimigos — tem potencial para começar a unir os corações humanos de maneira inovadora e profunda, criando uma conexão espiritual, um vínculo que as circunstâncias da vida não são capazes de destruir. Durante as refeições, corações feridos se curam, corações tristes se alegram, corações deprimidos adquirem uma nova visão e corações divididos encontram paz.

A experiência da mesa revela o potencial secreto dentro de cada pessoa para expandir o caráter e a conexão por causa da presença em nosso meio enquanto comemos — o Pão da Presença, a obra sobrenatural de Deus realizando aquilo que somos incapazes de alcançar sozinhos. A experiência da mesa une os relacionamentos humanos. Face a face, nossos corações se conectam. Meu desejo é incentivá-la a arrumar sua mesa num ato de fé, pois a presença sobrenatural e redentora daquele que se encontra com você ali cuidará do resto.

Notas

Capítulo 1

[1] *Yada* é o termo hebraico usado no Antigo Testamento para se referir ao conhecimento íntimo de algo. Confira um estudo mais aprofundado deste princípio bíblico em "Yada: Intimacy with God", CD de áudio, disponível em Kingdom Global, <http://kingdomglobal.com/store/>. Acesso em 12 de mar. de 2013.

[2] Anotações feitas por Devi Titus na conferência de George Barna em 2000. Mais recentemente, num artigo intitulado "Evangelical Stance on Divorce Is Changing" [A postura dos evangélicos quanto ao divórcio está mudando], Adelle Banks relata que "27% dos cristãos que 'nasceram de novo' se divorciaram, em comparação com os 25% de norte-americanos não nascidos de novo, de acordo com um estudo de 2007 realizado pelo Barna Group, empresa de pesquisa da Califórnia". *Fort Worth Star-Telegram*, 1º de mar. de 2007.

[3] "Five Basic Reasons Great Civilizations Wither and Die", *The Decline and Fall of the Roman Empire*.

[4] P. 1.

[5] Veja mais sobre a pesquisa de Weinstein e a descoberta de que fazer refeições juntos nos torna "mais fortes, inteligentes, saudáveis e felizes" em seu *website*: <www.poweroffamilymeals.com>. Acesso em 6 de mar. de 2013.

[6] P. 145.

PARTE 1

Capítulo 2

[1] Veja mais sobre a Mentoring Mansion e os cursos intensivos de mentoria para o lar em <www.mentoringmansion.com>. Acesso em 6 de mar. de 2013.

[2] Leia mais sobre o assunto no livro *The Home Experience: Making Your Home a Sanctuary of Love and a Haven of Peace*.

[3] Embora algumas versões da Bíblia usem a palavra *mesa* em Gênesis 43.34, o termo hebraico *panim* é traduzido com mais precisão por "diante dele" (RA).

[4] Bill Huebsch, em entrevista pessoal a Miriam WEINSTEIN, *The Surprising Power of Family Meals: How Eating Together Makes Us Smarter, Stronger, Healthier, and Happier*, p. 146.

Capítulo 3

[1] Citado em Jacqueline BODNAR, "The Dinner Discussion: A Perfect Opportunity to Communicate with Your Kids", *Allen Family Magazine*, jan./fev. de 2008, p. 9.

[2] Idem.

Capítulo 4

[1] Algumas ideias desta seção foram extraídas do sermão do dr. James E. MURPHY, "Mephibosheth: A Picture of Grace", 23 de abr. de 1998. Parte do material para esse sermão foi retirada de Max LUCADO, *In the Grip of Grace*, p. 99-106, e de Charles R. SWINDOLL, *The Grace Awakening*, p. 63-72.

[2] P. 61-62. A expressão "migalhas de sua mesa" foi acrescentada por Vonette quando ela contou a história para um grupo de esposas de pastor numa conferência da Global Pastor's Network. Usado com permissão.

PARTE 2

Capítulo 5

[1] WEINSTEIN, *The Surprising Power of Family Meals*, p. 93.

[2] Idem.

[3] Idem, p. 57.

[4] Idem, p. 91.

[5] "Try It—You'll Like It! Vegetables and Fruit for Children", preparado para Kids — Go for Your Life por "Filling the Gaps", Murdoch Children's Research Institute e Royal Children's Hospital, Melbourne, Centre of Physical Activity Across the Lifespan e Australian Catholic University, Sydney. Disponível em <http://www.betterhealth.vic.gov.au/bhcv2/bhcarticles.nsf/pages/childrens_diet_fruit_and_vegetables?open>. Acesso em 12 de mar. de 2013.

[6] P. 1.

[7] P. 7.

[8] Idem.

[9] O *macaroni and cheese* industrializado é uma comida comum nos Estados Unidos, que vem numa caixa com macarrão e um saquinho de pó amarelo

sabor queijo. Para prepará-lo, basta cozinhar o macarrão e acrescentar manteiga e leite ao pó temperado. (N. do T.)

10 Food and Drug Administration, órgão norte-americano que regulamenta os produtos das indústrias alimentícia e farmacêutica. (N. do T.)

11 "ANT (Automatic Negative Thoughts) Therapy". Disponível em <http://ahha.org/articles.asp?Id=100 >. Acesso em 12 de mar. de 2013.

12 P. 125.

Capítulo 6

1 "Frequency of Family Meals May Prevent Teen Adjustement Problems; Teens Less Likely to Do Drugs, More Motivated in School", *ScienceDaily*, 21 de ago. de 1997. Disponível em <http://www.sciencedaily.com/releases/1997/08/970821001329.htm>. Acesso em 12 de mar. de 2013.

2 Erinn FIGG, "Return to the Family Meal: Eating Together Puts Communication Back on Your Menu", *Family Safety & Health*, 1999, p. 16-18.

3 Idem.

4 P. 3.

5 P. 44.

6 Eleanor ROOSEVELT, citada em The Quotations Page, "Classic Quotes". Disponível em <http://www.quotationspage.com/quote/36354.html>. Acesso em 12 de mar. de 2013.

7 AMEN, *Change Your Brain, Change Your Life*, p. 58.

PARTE 3

Capítulo 8

1 "The Family Dinner Deconstructed", com Renee MONTAGNE, *Morning Edition*, NPR News, 7 de fev. de 2008.

2 Idem.

Capítulo 9

1 Programas televisivos de dança. *American Bandstand* ficou no ar em rede nacional entre 1952 e 1989. *Record Hop* seguia a mesma linha e era transmitido na Califórnia. (N. do T.)

Capítulo 10

1 James STRONG, *The Strongest Strong's Exhaustive Concordance of the Bible*, verbete "hospitality".

Referências bibliográficas

ALLEN, Susan. *The Unintended Journey*. Enumclaw, WA: WinePress Publishing, 2002.

AMEN, Daniel G. *Change Your Brain, Change Your Life*. New York: Three Rivers Press, 1998 [publicado no Brasil sob o título *Transforme seu cérebro, transforme sua vida*. São Paulo: Mercuryo, 2000].

BRIGHT, Vonette; BALL, Barnara. *The Joy of Hospitality: Fun Ideas for Evangelistic Entertaining*. Orlando, FL: New Life, 1995.

GIBBON, Edward. *The Decline and Fall of the Roman Empire*. 6 vols. London: Strahan and Cadell, 1776-1789 [publicado no Brasil em versão abreviada e editada sob o título *Declínio e queda do império romano*. São Paulo: Companhia de Bolso, 2005].

LUCADO, Max. *In the Grip of Grace*. Dallas: Word, 1996 [publicado no Brasil sob o título *Nas garras da graça*. São Paulo: CPAD, 2005].

McGRAW, Phil. *Family First: Your Step-by-Step Plan for Creating a Phenomenal Family*. New York: Free Press, 2004. POLLAN, Michael. *In Defense of Food: An Eater's Manifesto*. New York: Penguin, 2008 [publicado no Brasil sob o título *Em defesa da comida: um manifesto*. Rio de Janeiro: Intrínseca, 2008].

STRONG, James. *The Strongest Strong's Exhaustive Concordance of the Bible*. Grand Rapids, MI: Zondervan, 2001.

SWINDOLL, Charles R. *The Grace Awakening*. Dallas: Word, 1990 [publicado no Brasil sob o título *O despertar da graça*. São Paulo: Mundo Cristão, 2009].

WEINSTEIN, Miriam. *The Surprising Power of Family Meals: How Eating Together Makes Us Smarter, Stronger, Healthier, and Happier*. Hanover, NH: Steerforth Press, 2005.

TITUS, Devi; WEIHER, Marilyn. *The Home Experience: Making Your Home a Sanctuary of Love and a Haven of Peace*. Youngstown, OH: Living Smart Resources, 2006.

Compartilhe suas impressões de leitura escrevendo para:
opiniao-do-leitor@mundocristao.com.br
Acesse nosso *site*: www.mundocristao.com.br

Capa: Rafael Brum
Diagramação: Assisnet Design Gráfico
Fonte: Adobe Caslon Pro